西山文脉
古村古韵

张宝秀 张景秋 主编
杜姗姗 编著
北京联合大学应用文理学院 组织编写

北京出版集团公司
北京出版社

图书在版编目（CIP）数据

古村古韵 / 杜姗姗编著；张宝秀，张景秋主编；北京联合大学应用文理学院组织编写. — 北京：北京出版社，2019.12
（西山文脉）
ISBN 978-7-200-15248-7

Ⅰ．①古… Ⅱ．①杜… ②张… ③张… ④北… Ⅲ．①村落—介绍—北京 Ⅳ．①K928.5

中国版本图书馆CIP数据核字（2020）第008329号

总策划：李清霞
责任编辑：董维东
执行编辑：侯林英
责任印制：彭军芳

西山文脉
古 村 古 韵
GUCUN GUYUN

张宝秀　张景秋　主编　杜姗姗　编著
北京联合大学应用文理学院　组织编写

出　版	北京出版集团公司
	北 京 出 版 社
地　址	北京北三环中路6号
邮　编	100120
网　址	www.bph.com.cn
总发行	北京出版集团公司
发　行	京版北美（北京）文化艺术传媒有限公司
经　销	新华书店
印　刷	天津联城印刷有限公司
版印次	2019年12月第1版第1次印刷
开　本	787毫米×1092毫米　1/32
印　张	7.25
字　数	178千字
书　号	ISBN 978-7-200-15248-7
定　价	88.00元

如有印装质量问题，由本社负责调换
质量监督电话　010-58572393

编委会

主 编

张宝秀　张景秋

副主编

杜剑峰　顾　军　范晓薇

委　员

（以姓氏笔画为序）

叶盛东　吕红梅　刘剑刚　杜姗姗

李　岩　李彦东　李彦冰　张艳春

张健民　陈媛媛

西山文脉

目录

主编寄语　/ 001

绪　　论　/ 001

第一章　古商道繁华依旧，风情古韵今犹在　/ 001

一　古商道与古村落　/ 002
二　古商道上的村落　/ 004

（一）昔日商道小山村，经千年繁华依旧——爨底下村　/ 004

（二）驿马銮铃胜驮忙，古道交会咽喉地——黄岭西村　/ 029

（三）品古道西风瘦马，赏小桥流水人家——韭园村　/ 042

（四）京西井养第一村，神泉野趣八景幽——碣石村　/ 050

（五）人杰地灵举人村，钟灵毓秀民风淳——灵水村　/ 057

（六）一榆两槐四古柏，红芽香椿满梯田——苇子水村　/ 070

（七）踏驼队马帮蹄印，品古道遗风遗韵——东石古岩村　/ 076

（八）明清古村有三绝，古宅石碾古中幡——水峪村　/ 080

（九）今老街店铺林立，犹记当年村繁华——南窖村　/ 089

第二章　铁堡雄关巍然立，拱卫京畿千军行　　/ 093

一　古军道与古村落　　/ 094
二　古军道上的村落　　/ 096

（一）千年历史记忆，京西古幡会传承地——千军台村　/ 096
（二）蚩尤屯兵战黄帝，抗日前沿桑峪村——桑峪村　/ 104
（三）铁堡雄关沿河城，驻军屯兵卫京畿——沿河城村　/ 116
（四）万马千军此路去，军户古村尚犹存——柏峪村　/ 122
（五）清浊两水汇合，军事隘口之地——青白口村　/ 130
（六）敌台钳制古道咽喉，阻敌侵入斋堂川——洪水口村　/ 132
（七）雄壮长城敌台，扼山口之险——沿河口村　/ 140

第三章　檀烟萦绕人烟盛，上香礼佛客如织　　/ 147

一　古香道与古村落　　/ 148
二　古香道上的村落　　/ 150

（一）御道进香戒台寺，摩崖造像石佛村——石佛村　/ 150
（二）妙峰正道至金顶，香道总会涧沟村——涧沟村　/ 158
（三）北国水乡芦苇荡，古村赏月韵味足——上苇甸村　/ 165
（四）庞潭古道之节点，村内古桥血泪桑——苛萝坨村　/ 167

第四章　大河永定润京师，千年文化孕古村　/ 173

　　一　永定河与古村落　/ 174
　　二　永定河沿岸的古村落　/ 175
　　（一）大道起始三家店，古道交会繁华地——三家店村　/ 175
　　（二）皇家官窑传千年，京西琉璃遍京畿——琉璃渠村　/ 183
　　（三）京西古道第一村，今朝古道新演绎——水峪嘴村　/ 191
　　（四）依山傍水景秀美，古树森天老船坞——河南台村　/ 196

第五章　大西山古村落开发、保护的现状与展望　/ 201

　　一　大西山古村落开发、保护的现状　/ 202
　　二　大西山古村落开发、保护的展望　/ 203

参考资料　/ 206

后　　记　/ 209

西山

【主编寄语】

北京西山，是北京西部山地的总称，属太行山脉最北段，与北京城市发展关系十分密切，宛如腾蛟起蟒，从西边拱卫着北京城，明代以来被誉为"太行之首"[1]"神京右臂"[2]。

北京西山北起昌平区南口关沟，南抵拒马河谷一带房山区与河北省涞水县的交界处，西至市界，东临北京小平原，总体呈北东—南西走向，长约90千米，宽约60千米，面积约3000平方千米。地势由西北向东南逐级下降，依次有东灵山—黄草梁—笔架山、百花山—髽髻山—妙峰山、九龙山—香峪大梁、大洼尖—猫耳山四列山脉，最高峰东灵山海拔2303米。地貌类型主要包括中山、低山、丘陵和山间谷地。北京西山向北京平原前出的部分，即今西北六环内的部分，以军庄沟（军温路）及永定河河道与西山主体部分相隔离，俗称"小西山"，地理名称为"香峪大梁"。

---

[1] [明]张爵著：《京师五城坊巷胡同集》，北京古籍出版社，1982年，第14页，"西山，府西三十里太行山首，每大雪初霁，积素若画，为京师八景之一，曰西山霁雪"。[清]徐珂编撰：《清稗类钞》（第一册），中华书局，1984年，第135页，"西山在京西三十里，为太行之首，峰密起伏，不计万千，而一峰一名，闻者不易志，知者不胜道也"。

[2] [明]蒋一葵著：《长安客话》，北京古籍出版社，1982年，第52页，"西山，神京右臂"。[清]赵尔巽撰：《二十四史（附清史稿）》（第十一卷），中州古籍出版社，1998年，第476页，"西山脉自太行，为神京右臂"。

北京西山是中生代燕山运动隆起后，又经新生代喜马拉雅运动上升的山地和丘陵，地质遗迹众多，优质煤炭等矿产和建筑材料资源丰富，是我国培养自己的地质学专业人才和自主开展地质调查研究工作正式开始的地方，1920年由中华民国农商部地质调查所出版的中英文版"地质专报甲种第一号"《北京西山地质志》是我国第一份地质调查成果。西山堪称"中国地质学的摇篮"，马兰黄土、军庄灰岩、青白口系、下马岭组、窑坡组含煤地层、龙门组砾岩、髫髻山火山岩、芹峪运动等许多源于北京西山的地质名词具有世界意义，很多地层、地质现象、地质构造运动遗迹已成为闻名中外的经典和热点研究对象。西山拥有众多著名山峰，还分布有丰富的冰川遗迹和地下溶洞，河湖水系和动植物资源也非常丰富。2006年联合国教科文组织正式批准"中国房山世界地质公园"并授牌。西山是北京的生态屏障，山水生态构成西山文化的重要基底。

从大的地理单元看，北京位于华北平原旱地农业经济文化区、内蒙古高原牧业经济文化区、东北松辽平原狩猎采集经济文化区这三大地理单元和经济文化区的交汇之处，华北平原与黄土高原的过渡地带。在古代，华北平原多湖泊湿地，而太行山东麓山前地带地势较高，便于通行，久而久之形成一条南来北往的大道，古代大道的北端在蓟城（北京城的前身）。蓟城往西北经南口至张家口，再至内蒙古高原，往北经古北口至内蒙古高原或经承德至东北平原，往东经喜峰口及山海关至东北平原。北京独特的自然地理区位特征使其有着独特的交通地理区位和政治地理区位，自古以来就处于燕山南北与太行山东西文化交汇交融的前沿地带，并逐步成长为多民族文化交融的北半个中国以及整个中国的都城。

感怀历史，北京西山文脉悠长，其发展是一个文化不断层累的过程。西山有北京最早的旧石器时代遗址，是生活在70万年至20万年前的"北京人"的故乡，拥有周口店新洞人、田园洞人、山顶洞人等丰富的旧石器时代晚期遗址，以及东胡林人、镇江营等农业文明肇始以后的新石器时代遗址，有北京最早的水利工程——曹魏时期的戾陵堰、车厢渠，有始建于西晋、北京现存最古老的寺庙潭柘寺（初名"嘉福寺"），有始建于隋末唐初、世界上保存石刻经版最多的寺庙云居寺及延续千年刻制的大量石经、纸经、木版经，以及戒台寺、八大处、卧佛寺、万佛堂等辽金以前的众多遗产遗迹。至辽金时期，北京先后成为辽的陪都南京、金的都城中都，地位不断提升，北京西山地区的发展随之大大加快了速度。历代西山木石和煤炭等资源的开采，京西古道的开辟和不断拓展，使得西山成为北京城市建材和能源的重要供给地，成为联系北京城市和京西地区、冀西地区、山西高原、内蒙古高原的重要通道和文化纽带。

辽代，北京作为陪都，开始了皇家文化与佛教文化的融合，西山地区出现了上方院、清水院、香水院、白瀑寺、灵光寺佛牙舍利塔等一批寺院建筑。此外，北辽皇帝耶律淳死后葬于香山。

金代，北京成为北半个中国的都城，皇帝常巡幸西山，在香山、玉泉山、仰山、驻跸山等处建起多座行宫和寺院，形成著名的"西山八院"。金代"燕京八景"西山占两处,即"西山积雪"和"玉泉垂虹"。金代在西山脚下修筑了金口河和玉泉引水工程,并在沿山一带建起众多墓园。这些奠定了西山"山水与禅宗相融合"的皇家文化根基。

元代,北京成为全国的政治中心,兴建了新的都城元大都。郭守敬先是主持重开金口河运西山木石建设大都城,后又主持修建了通惠河,汇集西山泉水引入大都,解决大都漕运用水,使漕船得以进入大都城内。同时,开辟金水河,将玉泉山泉水引入大都城内。皇帝在西郊修建了大护国仁王寺、大承天护圣寺等多座皇家寺庙以及行宫,铸造了卧佛寺的铜卧佛。西山脚下的瓮山泊(今颐和园昆明湖的前身)成为大都郊外著名的游览区,海淀逐渐变为郊居胜地。

明代,西山范围内开始形成不同的文化景观区域。山前平原成为园林宜居区,海淀附近"稻畦千顷",形成宛若江南的水乡景色,达官贵人在此建设园林别墅。沿山一带出现多处墓葬陵园区,不仅葬有200多位王爷、公主、嫔妃,还有景泰皇帝朱祁钰的陵寝,留下许多以"府"为名的墓园地名。山地成为寺庙风景区,明代太监在西山兴建起大量寺庙,明人诗句"西山三百七十寺,正德年中内臣作",就是其写照。此时,西山文化景观初具规模。

清代,在西山和山前平原建起以"三山五园"为代表的大型皇家园林区,先后兴建静宜园、静明园、畅春园、圆明园、颐和园等十余座御园以及大量赐园。清帝大部分时间在此居住和理政,"三山五园"成为紫禁城之外的另一处政治中心。清代,碧霞元君朝拜成为京津及周边地区规模最大的民间朝拜活动，京西妙峰山成为重要的朝拜中心。

近代以来，西山地区成为中外文化交流的场所和红色革命根据地。中法大学最早立足西山建立中法大学西山学院。法国诗人圣-琼·佩斯在此创作了《远征》，后来获得诺贝尔文学奖。革命先行者孙中山先生逝世后，曾停灵于碧云寺。不畏艰险、无私支持中国人民抗日斗争的法国医生贝熙业在西山建房居住、诊治百姓，帮助从北平城往平西根据地运送药品。抗战期间，中国共产党领导的抗日武装在西山与日寇进行了顽强的斗争，留下不少抗战遗迹，这些遗迹构成了一幅波澜壮阔的红色历史画卷。

全国解放前夕，1949年3月中共中央和毛泽东同志从西柏坡进京，进驻香山，这里成为向中国人民解放军发出向全国进军号令和筹划开国大典等重要历史事件的发生地。这里有双清别墅、来青轩等中共中央在香山的革命旧址，今年9月又建成了香山革命纪念馆，它们共同构成香山革命纪念地。香山是承载中国共产党伟大革命精神的重要红色纪念地。

中华人民共和国成立以后，西山具有了彻底的人民性。石景山脚下形成的大型钢铁厂，如今成为重要的工业遗产。山前地区出现了一批优秀的近现代建筑。西山地区集中了全市80%左右承载着丰富民俗文化的传统村落。各类各级风景名胜区、自然保护区和人民公园的建设，推动西山成为北京市民休闲、览胜和度假之地。

北京西山历经沧桑演变，其自然山水生态本底为西山历史文化资源提供了物质基础，留下了宝贵的文化遗产，蕴藏着丰富的首都文化，包括源远流长的古都文化、丰富厚重的红色文化、特色鲜明的京味文化和蓬勃兴起的创新文化，成为北京的生态之基、文明之源、历史之根、文化之魂，是多民族文化交汇融合、兼容并蓄的中华文明源远流长的伟大见证，承载和表征着"天地人和"的中国传统文化价值观，成为北京文脉传承、乡愁寄托的载体，是北京历史文化名城的金名片，是京津冀协同发展的重要纽带。

为了"展西山古今风采，扬中华优秀文化"，北京联合大学应用文理学院、北京学研究基地、三山五园研究院与北京出版集团合作，策划选题，组织地理学、历史学、考古学、城乡规划、汉语言文学等相关学科专业的老师，在所承担各级各类研究课题成果基础上，撰写出版"西山文脉"丛书。本套丛书是北京学高精尖学科建设的阶段性成果，共10册，包括《三山五园（上）》《三山五园（下）》《文化情缘》《名流荟萃》《古刹寻幽》《烽火印记》《古村古韵》《诗文印象》《乌金留痕》《非遗传承》。每册图书平均字数10万字左右，图片100多幅，力求图文并茂，生动有趣，从各个专题的角度，梳理和挖掘西山丰富的文化资源，展示西山深厚的历史底蕴和文化内涵，讲好西山故事，讲好北京故事，让西山文化发展有源、传承有绪。

张宝秀　张景秋

2019年9月

【绪　　论】

北京的灵性，全在西山那一抹晚霞。

——徐志摩

环抱北京城的西山就像抱着孩子的母亲的双臂。

千真万确，北京的自然就美，城内点缀着湖泊公园，城外环绕着清澈的玉泉河，远处有紫色的西山耸立于云端。天空的颜色也功劳不小。天空若不是那么晶莹深蓝，玉泉河的水就不会那么清澈翠绿，西山的山腰就不会有那么浓艳的淡紫。

——林语堂《京华烟云》

北京西山，不仅因其环抱京城、风景秀美而知名，更因其连接北京与山西、内蒙古高原，联络北京与西部的内外交通、人员物资往来，自古就成为交通要冲。群峰之间，不仅有茂林修竹、古刹灵泉，更有人类繁衍生息而形成的聚落村庄，这些村落如遗珠缀玉散落在古道沿线。民国时期，西山优美的景色就曾被作家们写进《京华烟云》《城南旧事》等著作,今天又因被拍进《大西山》等纪录片而广为人知。

远古烽烟、筑城戍边、民族交往、商旅通行、朝拜神庙以及西风、瘦马等数不清的传奇故事和诗词意象散落在京西古道两侧。京西古道距今已有数千年的历史,是京西古代文明的重要标志和历史见证。约2500万年前的第三纪晚期中新世构造运动,形成了京西古道所在的官厅山峡[1],官厅山峡河谷的天然通道及山间小径成为人类最早进入西山的天然通道,这些天然廊道与山间径路便是京西古道的雏形[2]。

京西古道修筑工程起步于南北朝时期,既有政府主持修筑,也有民众自发进行修筑,如辽圣宗于统和七年(989年)开奇峰路、金世宗于大定二十一年(1181年)修治怀来以南道路。特别是西山丰富的煤、货等通过京西古道运进北京城。从元代始,北京城对于"乌金"需求量与日俱增,明代"京城军民百万之家,皆以石煤代薪"[3]。至清代,因"燕南赵北土炕居多,所者西山煤炭耳"[4],土炕的使用使煤炭耗费量更大,京西古道的重要性日益凸显。随着京城用煤量的

---

[1] 政协北京市门头沟区文史资料研究委员会编:《京西古道》,香港银河出版社,2002年,第5—8页,173—243页。
[2] 阚维民、宋天颖著:《京西古道的遗产价值与保护规划建议》,《中国园林》,2012年第03期,第84—88页。
[3] [明]陈子龙辑:《明经世文编》(卷七十三)《守边议种树》,中华书局,1962年,第619页。
[4] 阚维民、宋天颖著:《京西古道的遗产价值与保护规划建议》,《中国园林》,2012年第03期,第85页。

增加，清康熙三十二年（1693年）又增修香山道。"西山一带所产烟煤，专备京城炊爨之用，向用驮运，费重价昂"[1]，故"又谕胡燏棻奏请造京西运煤铁路一折"[2]。这些京城所需物资的运输促进了京西古道的开发，经元、明、清三代不断增修，京西古道日趋完善，成为北京西部最为重要的交通线。

京西古道按照功能可分为古商道、古军道、古香道，这3种不同功用的线路之间相互交错，互通有无。古商道是用于为北京地区与河北、山西、内蒙古之间提供经济物资运输，以及北京西部郊区为北京中心城区提供物质给养的交通线路，如西山大道、玉河古道。古军道是用于加强北京西部军事防御、抵抗西北方向进犯之人、拱卫京城的交通线路，如西奚古道、斋沿古道。古香道则是用于满足宗教信仰需要，供民众赶庙会、进香的交通线路，例如妙峰香道、芦潭古道。

西山村落因京西古道而兴起，随京西古道而变迁，不同类型的古道亦对其沿途村落的形成与发展产生了不同的影响。在选址布局上，古商道上的村落选址多靠近道路干线与道路交叉口，且沿古商道呈线性分布；古军道上的村落多建在山势险要、沟河交汇处，且村落布局有明显高程差，呈防御性集中式布局；古香道上的村落则是围绕名山

---

[1] 中国史学会主编：《中国近代史资料丛刊——戊戌变法（二）》，上海人民出版社，1957年，第82页

[2] （清）刘锦藻撰：《清朝续文献通考》（卷三百六十四）《邮传考（四）·路政》，上海商务印书馆，1955年，第6124页

古刹展开布局，且多分布于沟涧两侧。在特色建筑上，古商道上的村落多为货物集散地，村内店铺林立，因而形成了区别于普通合院（仅供居住生活）的商居院（集经营、生产功能与居住生活于一体的合院），综合解决了对内居住的私密性和对外营业活动、作坊加工公开性之间的矛盾，并且建筑装饰较古军道与古香道上的村落更为精细；古军道上的村落多由军事要塞、关口发展而来，故村内多堡、台，房屋排列沿平行于等高线的方向布置，且村落周边多有城垣；古香道上的村落为了满足香客和游人参加庙会、进香的需要，故在村内邻近古香道处形成了独具特色的茶棚，于庙会期间为香客提供沿途饮食、休息场所。不同类型的古道赋予了西山村落各自独特的底蕴，使之在北京与山西高原、内蒙古高原的交流大舞台上扮演着不同的精彩角色。

京西古道蜿蜒曲折，沿途滋生了众多村落，西山村落也在历史长河中默默哺育着京西古道。当商人踏着銮铃声，牵引着背负重物的骡马，迈着沉重的步伐急需补给时；当戍边战士随着军号声，肩负着拱卫京畿的重任，拖着疲惫不堪的身体渴求休整时；当虔诚的香客觅着檀烟香，怀揣着济世守道的信仰，带着俗世生计之忧盼望解脱时，西山村落给予了他们一席小憩之地，让他们稍作安顿喘息之后，得以继续负重前行，让京西古道上商人、驼队马帮得以在崇山峻岭之中交错不绝。京西古道上停下来的人、记下来的事、存下来的物，便也成了西山的村落文化。

全书通过"古商道繁华依旧,风情古韵今犹在"(古商道)、"铁堡雄关巍然立,拱卫京畿千军行"(古军道)、"檀烟萦绕人烟盛,上香礼佛客如织"(古香道)、"大河永定润京师,千年文化孕古村"(古河道)、"大西山古村落开发、保护的现状与展望"5个章节,描绘了一幅美丽的西山古村落画卷。

杜姗姗

2018年4月

心迹

古村古韵

第一章 古商道繁华依旧，风情古韵今犹在

一

古商道与古村落

古商道既是京西山区与北京老城物资往来的交通路线,也是联系北京与河北、山西、内蒙古地区的重要通道。

古商道的正式修筑始于南北朝,既有官修、民修,又有寺庙参与修筑,经元、明、清三代不断增修,古商道日趋完善,发展为北京西部最为重要的交通要线。古商道东起4条道路:西山大道(始于三家店)、玉河大道(始于麻峪)、庞潭古道(始于庞村)、芦潭古道(始于卢沟桥),四道交会于王平口关城,继而往东经板桥,过大寒岭,又分四道:一通昌平南口,二达河北怀来,三至易县紫荆,四抵沿河关城,由此构架起北京至山西高原、内蒙古高原的通道。

古商道是京西古代文明的重要标志和历史见证,时至今日两旁仍残留着众多的村落、碑刻、关城、寺庙等历史遗迹。这些村落在选址上也极为讲究。古村落选址不仅看重客观的自然因素,并且在很大程度上受到中国传统人居环境观念的影响。古人力求结合人居环境学理念营造出具有吉祥寓意的人居环境,满足村民对人丁兴旺、宗族繁盛的期望。这些村落的选址呈现出几个共同点:

第一,三面环山,一面行水。三面环山,尤其是西北面的层层山峦抵挡了北京地区冬季因受西伯利亚高压控制产生的凛冽西北风,为村落营造了舒适宜人的小气候环境,使得村落微风习习,空气清新且风沙较少。同时相对闭合的环境令居民感觉生活更加安全、稳定。一面行水,既满足了村落生产生活所需用水,保证了村落的可持续发展,也使村落风光更为秀丽。

  第二，因势利导，建于河流阶地或低缓山体之上，得地基抬升之利。利之有三，一可避开山洪，却又不至于过分远离河流水源，险中求安；二可借助地势高差实现自然排水，同时又便于防潮；三可居高临下，视野更为开阔，及时观察周边情况。

  第三，处于山谷盆地之中的向阳坡。山谷盆地之中，平坦土地较多，可作为耕地使用。处于向阳坡则有助于村落屋舍自然采光且保暖，同时保证了农作物生长所需阳光，便于生活，利于生产。

  古商道上的这些村落乡土建筑，也独具地方特色。在自然资源较为匮乏的山地地区，世代居住于此的当地居民仍能在单体建筑以及建筑装饰等方面融入艺术处理的巧思，无论是单体建筑山墙上带有装饰檐口的小窗，还是屋脊上的砖雕花装饰和抱鼓石上的精致雕刻，都寄托了当地人对美好生活的期盼，凸显了中国古代重视人居环境营造的独特理念。

  古商道不仅促进商贸往来、筑城戍边等活动开展，而且也促进村民开展丰富多彩的娱乐活动，使世代相传的民俗文化延续至今，如银音会、秋粥节、耍中幡等，集中体现了中华民族的价值观念、伦理道德、行为规范和审美情趣等，强调人与人的和谐、家庭和谐、邻里和睦以及社会和谐，体现了中华民族朴实、健康的品质特征，更体现了中华民族尊老敬贤、慎终追远的传统伦理观念。通过感受这些传统节日，能够使我们的精神生活得到充实，道德境界得以升华。

古村古韵

二

古商道上的村落

（一）昔日商道小山村，经千年繁华依旧——爨底下村

爨底下古山村是一颗中国古典建筑瑰宝的明珠，它蕴含着深厚的北方建筑文化内涵，就其历史、文化艺术价值来说，不仅在北京，就是在全国也属于珍贵之列，公之于世，功莫大焉。

——罗哲文

2013年，真人秀节目《爸爸去哪儿》第一季的播出，让京西古村落中保存最完整、最具特色的爨底下村成了旅游热点，电影《手机》《墨攻》《投名状》等也曾在这个古韵悠然天成的山村取景。

爨底下村位于北京市门头沟区斋堂镇西北部的深山峡谷中，整个村落建在缓坡山脊上，共有74套院落，689间房屋。院落以具有明显的京西山区地方特色的"山地民居四合院"为主，兼有少量的三合院，是京郊最具代表性、保存最完好的明清风格民居建筑群，也是北京唯一的明清时代山地四合院民居村落。爨底下村因拥有保存完好的明清古建筑群而获得了中国历史文化名村、中国传统村落、全国重点文物保护单位3顶桂冠。绘画大师吴冠中先生曾评价爨底下村是"北方民居的周口店""仿佛从火山灰里扒出来的意大利的庞贝古城"。

爨底下村

"远看山有色，近听水无声。"[1]沿着古道，穿过深山峡谷，来到柏峪沟，赫然可见一片民居院落坐落于缓坡之上，依山就势，层层升高。山腰以上覆盖着郁郁葱葱的古木，山顶上还会聚集起薄薄的山雾，千峰云起，山雨欲来，更显青山妩媚。风动云散，晦暗退隐，骤然明媚自如。纵然绝妙丹青也画不成这样一幅山水，若是王安石还在，又要说"意态由来画不成，当时枉杀毛延寿"[2]了。

此地民居的建筑风格北风南韵兼容并蓄，影壁飞檐，灵动而又规整，文化底蕴深厚。村中有一条东西走向的紫石、青石砌成的蜿蜒小巷，自然清幽，引人探胜。人们在此遥望屋顶上蔓延的山势和变幻的天空，仿佛引

[1] [唐]王维：《画》
[2] [宋]王安石：《明妃曲》

古村古韵

人浮想联翩的海浪，激起思绪像银币一样闪光。午睡醒来，云气映照在窗子上，麻雀飞落到瓦片间。错落的山体把村子分为上下两层，高低错落、线条清晰。村庄原貌保存完整，有"京西布达拉宫"的美名。

爨底下村最负盛名的是它的院落古建，周边的景点古迹亦不逊色，浑然天成的"一线天"、京西古商道遗址、别致的古龙王庙、形状奇特的山峰及京西明珠黄草梁长城，是京城周边罕有的自然景观。爨底下村还有爨里安口、娘娘庙、龙王庙、关帝庙、魁星庙、仙人堂等文物古迹。在村子里居住的人们，祖祖辈辈与祖先欣赏同一景色，遵守同一习俗，唯有自在荣枯的花草和悄然褪色的漆皮知道，时光还在无声流淌。

从高楼大厦、滚滚红尘中自驾来到此地，漫步古道、探寻古村、发旷古之幽思，恍如隔世。好客的村民经营村野特色的农家饭，山野菜、贴饼子、自磨豆腐，从万丈红尘的大都市赶来的客人周末或小长假步入其间，短暂逗留，可享归隐田园之乐，逍遥惬意，乐不思蜀。即使是在寒意凛冽、寂静萧索的冬天，这个北方村落也别有一番清静自得之美。

1. 村落起源

爨底下村的起源与明代京西的军事防御有关。为了抵御北方少数民族，自明洪武三年（1370年）起在沿河口设隘驻兵，正德十年（1515年）爨底下村一世祖韩甫金、韩甫银、韩甫仓三兄弟奉命自沿河城到京西古道天津关段（又名黄草梁古道）旁的爨里安口守关。据史料记载，"军兵云集眷属渐至，久成村落"，逐渐繁衍发展，形成了韩氏聚族而居的村落，"爨头在上，而村落论地势在爨头之下，故而以'爨底下'名村"[1]。

---

[1] 北京门头沟村落文化志编委会编：《北京门头沟村落文化志（二）》，北京燕山出版社，2008年，第494页

爨底下村一线天

爨底下村口巨石

该村皆为韩姓，是明代沿河城守口百户韩仕宁的后裔。韩仕宁是弘治年间的武官，官秩正六品。韩仕宁的后裔世代为军，有战参战，无战垦田，于是守卫爨里安口的这支韩姓人家，由少增多，逐渐建立起韩氏家族聚居之地，延续至今。

爨底下村的发展得益于明正德十四年（1519年）修建的古驿道。沿古驿道东南行，进入斋堂川向西北经柏峪村，越黄草梁天津关，进入怀来县麻黄峪村，可达内蒙古草原。明、清时代，该村为京西贯穿斋堂地区西部、连接东西大动脉上最重要的古驿道，是连接边关的军事通道，又是通往河北、内蒙古一带的交通要道。

在军事上，门头沟西部山区历来是保卫北京的重要屏障。斋堂川是一条西南—东北走向的狭长山谷，是通往京城的必经之路。斋堂古城位于斋堂川中部宽阔谷地，依山傍水，与明万历年间修建的沿河城及其黄草梁一线长城构成完整的军事防御体系。黄草梁上有敌楼7座，设兵把守，敌楼间由长城相连，仅留一条狭窄的道路供商旅通行。爨底下村通往怀来盆地的古驿道沿途，至今还有遗存的明代烽火台、清绿营兵兵营。

清军入关之初，蒙古各部还没有统一，其中以厄鲁特蒙古中的准噶尔部最为强大。首领噶尔丹不断发动战争，攻伐其他部族，一度控制了青海、西藏、天山南麓的维吾尔族和巴尔喀什湖以西的哈萨克族。彼时沙皇俄国正在向外扩张，在沙皇俄国的利诱、唆使下，噶尔丹率兵进攻喀尔喀蒙古，喀尔喀不敌，向清廷求援，清康熙皇帝一面安置喀尔喀部众，一面责令噶尔丹罢兵，噶尔丹反而率兵南下，深入乌珠穆沁境内。康熙二十九年（1690年），康熙帝决定御驾亲征。

同年，清政府与准噶尔汗国在乌兰布通开战。据传教士张诚的记载，双方当日以大炮火枪互轰开始，激战竟日，以双方士卒肉搏为止，最终以准噶尔军溃败、噶尔丹逃窜告终。

乌兰布通战役失败后，噶尔丹虽曾向清廷认罪立誓、上书请降，但不久又在科布多（在今蒙古国西部）集合旧部，并向沙俄乞援，攻入喀尔喀蒙古车臣汗部，随后东下，进抵巴颜乌兰。康熙帝决定再次亲征噶尔丹，经过乌兰布通之战，再败噶尔丹。经过两次大战，噶尔丹叛众土崩瓦解，只有噶尔丹继续顽抗。一年后，康熙帝又带兵亲征，噶尔丹走投无路，服毒自杀。

清康熙三十六年（1697年），康熙皇帝御驾亲征平定准噶尔之后，北方战事逐渐减少，京西古道上多个隘口的防卫功能也随之减弱，爨底下村成为朝廷驿站。同治六年（1867年），爨底下划归宛平县齐家司治理，爨里安口兵丁转民，爨底下村的性质也由军屯向农商转变。村南有通往西北和北方大漠的古驿道，村民利用古道优势从事商旅贸易。河北的粮食、内蒙古的皮毛，皆经此路运往京城，换回其生活必需品。京西盛产煤炭，这些煤炭经古驿道运往怀来盆地。昔日的古驿道过往商旅频繁，货物主要靠骡马驮运，由麻黄峪起程到达爨底下村，恰好一天行程，因此爨底下村是过往商旅落脚和货物的集散地。由于南来北往的商旅途经于此，使爨底下村经济发达，村民视野开阔。遂利用京西古驿道优势，发展河北、内蒙古、山西等地与京城的商品交易和客栈经营。到民国初年，爨底下村已有瑞庆堂、瑞福堂等多家商号和几家骡马店。

2. 村落选址

群山环抱中的爨底下村处于山谷盆地的向阳坡，整体布局坐北朝南，以龙头山为中心沿等高线向外发散，形成月牙形布局。且以龙头山为中心确立南北人居环境轴线，后有靠山，前有月牙形池塘（现已干枯）与屏山相映，左右有多层次的砂山护卫（左青龙，右白虎），形成"负

爨底下村夏景

古商道繁华依旧，风情古韵今犹在

爨底下村一隅

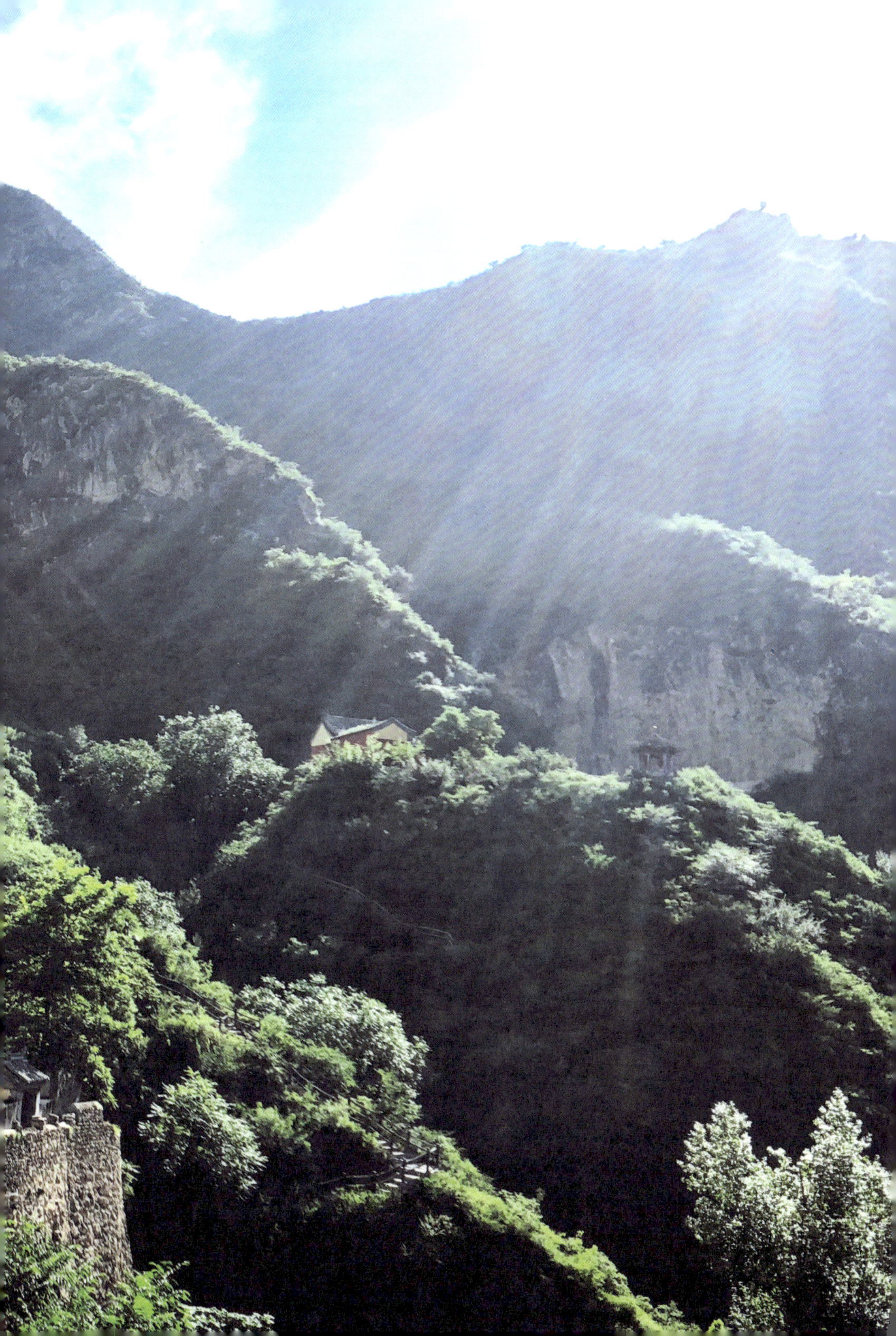

爨底下村的客栈

阴抱阳""藏风聚气"的封闭式地理环境，为村落环境提供良好的生态条件。村前的门插岭有"锁财"的寓意。600多间精巧的四合院民居呈放射状排布，与山脚古道街市建筑形成形如葫芦又像元宝的村落布局，取"福禄""金银"之意。爨底下村不仅被群山环抱，而且还有冠带之水绕村而流，以村后龙头为圆心、南北为轴线，呈扇面形展于两侧的古村平面，可见水自西北入环村自东南出，如"冠带"之势。[1]中国古老的人居环境学认为"水飞走则生气散，水融注则内气聚"，《水龙经·论形局》中说："水见三弯，福寿安闲。屈曲来朝，荣华富饶。"可见这冠带之水，滋养

---

[1] 李飒著：《门头沟古村落景观研究初探》，北京林业大学，2013年。

村民，福泽万物，聚气聚财。

3. 空间布局

（1）整体布局

爨底下村的传统建筑尊奉"天人合一"的自然观，顺应自然、因地制宜，充分发挥了自然地理和生态环境的优势，与村民生产、生活的要求休戚相关。整个村落按传统的"向心观念"和"择中为宜"的规划法则构建了以龙头山为核心的放射状扇面建筑群体。高低错落的村落布置，充分利用了建筑间前后之间的高差，使得每一个宅院都能获得良好的自然通风和充足的日照。

（2）街巷结构

爨底下村的道路交通组织根据地势高低的变化、建筑组合的功能以及各种用地的分布等因素综合考虑构建而成。爨底下村落随坡就势，村内有南北向主街一条，村舍高低错落，建造古朴别致。爨底下村内道路随山势高低延伸，以上下2条平行于等高线的主干道、4条垂直于等高线的山道和若干联系宅院的小巷组成村中的道路系统。在南北纵轴线控制下，随山地走向和地形高低变化，以道路为骨架系统，合院式建筑群以分组成片的"面"的组合形态构建封闭的活动领域。

（3）公共空间

爨底下村的合院式建筑以点、线、面3种形态结合的空间结构方式，按地形高低变化、传统礼制次序和多种功能需求分台而筑。道路系统是人与自然、人与人交往，生产、生活中必不可少的行进空间，也是村落环境整体空间结构脉络的组成部分。

爨底下村街景

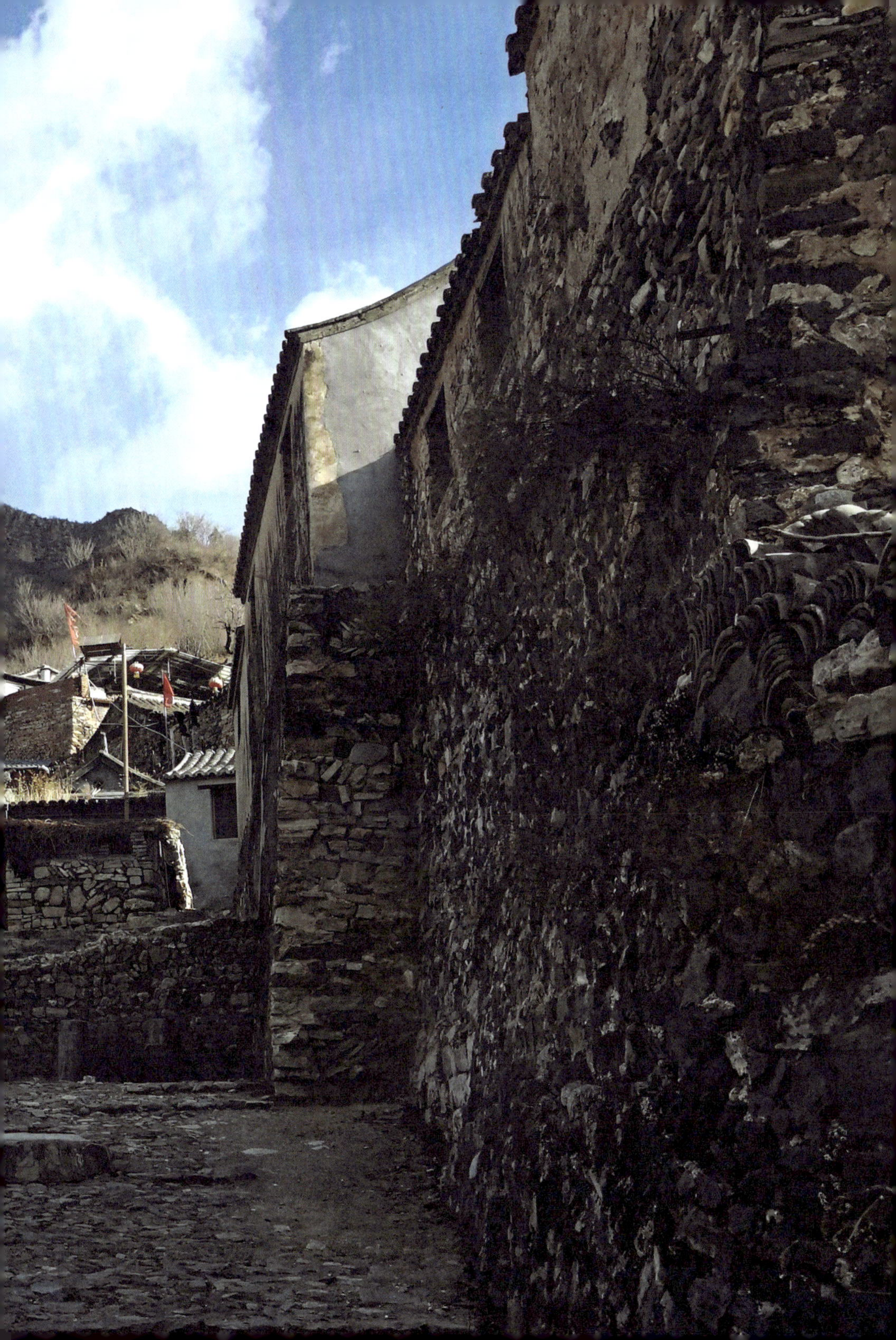

4. 营造之美

（1）院落形制

受山地用地形状的限制，爨底下的院落多不是传统的标准形制，以因地制宜的山地三合院、四合院为主，合院的正房、厢房不是垂直关系，而是成各种各样的角度，建筑进深也更小。村落紧邻古道的位置，由于地形相对平坦开阔，多为相对标准的一进、二进四合院。四合院是爨底下村中等级最高的平面形式。四合院由正房、倒座房和厢房组成，部分四合院设有耳房、后罩房，整个院落具有一定的轴线关系。入口一般采用门楼的形式或者利用厢房的一间作为整个院落的入口，东南角设置门楼，正房、厢房、倒座房俱在。院落较为规整，如双店院、捷报院等。为抵抗水灾，在山路拐角处，往往都是弧形围墙的特殊院落。在上层台地愈发局促的山地环境下则出现更多适应地形条件的三合院建筑，三合院由正房、东西厢房和南墙围合而成，有时甚至利用别的院落的后墙围合而成，如石甬居、福字院等。其入口根据道路方位，设在南墙或东西厢房，少数设在正房西北角的一间。特殊合院：受爨底下村独特的地形条件所限，爨底下村民充分发挥自己的聪明才智，将合院式建筑依山而建，创造了具有地方特色的特殊合院类型。其特点就是随坡就势，灵活布局。合院空间虽不规则，但仍有正房、厢房、倒座房之分。这种合院的入口多以门楼的形式设置。

（2）院落组合方式

爨底下村的院落组合方式主要有3种，即横向组合、纵向组合和纵横组合。横向组合的院落受山地地形影响，在坡度较大地段，由于纵向空间窄仄，院落呈横向发展。平行于等高线布置的横向组合院落多出现在上层台地，由于地形所限，没有空间沿纵向发展且均为一进院的组合。此种最典

爨底下村废弃宅基地

型的实例是位于村落上层的石甬居，即三兄弟院落。该院落根据兄弟三人的长幼秩序由东到西平行于等高线修建而成，共有3个相互独立的三合院。老大、老二的三合院较完整，老三的则利用老二的西厢房后墙围合而成。其入口均设于各独立合院的南北轴线上，同时在进入院落的巷道口处设有一门楼，以此限定该座院落为同一家，3个院落都有相对独立的出入口。纵向组合的院落大多具有较为明显的轴线关系，受用地制约，多位于台地下方且靠近古道、地势平缓的地方，一般为两进院，前后院之间高差不大，多用踏步或斜坡。垂直于等高线布置的纵向组合院落有较明显的轴线关系，沿承了典型的四合院住宅组合方式。爨底下村的下层院落组合主要采取这种方式。这种院落沿商道纵向布置，主入口一般位于院落的东南角，少数为东北角，院落多数为二进院，少量为三进院乃至一进院。前后院之间无明显高差，与平原式合院的纵向组合方式类似，只是在平面布局上因为受到地形的约束而不如平原式规整。横纵结合的复合型院落既有水平方向的横向组合，又有垂直等高线方向的纵向组合。受地形影响，爨底下村可用于建设的空间有限，不可能像平原式合院那样在用地上无限发展。为了更充分地利用有限的用地，村民们将原有的纵向院落沿等高线横向多路拓展，形成了为同一家族共用的纵横向结合的复合型院落。这种组合类型最典型的代表是位于整个村落最高处的广亮院。该院落由两组二进院组成独立的二进院和一组由两个横向连接的独立一进院共用一个后院所形成的二进院。较独立的二进院前院由正房、倒座房、东西厢房构成。后院无南房，为三合院，也由正房、东西厢房及耳房围合而成。此相对独立的二进院之间通过门楼连接。另一个二进院的前院是两个横向连接的一进院。由于地形关系，后院设有全村唯一的五开间正房与西侧耳房，一字排开。

爨底下村民居全景

古商道繁华依旧，风情古韵今犹在

爨底下村鸟瞰图

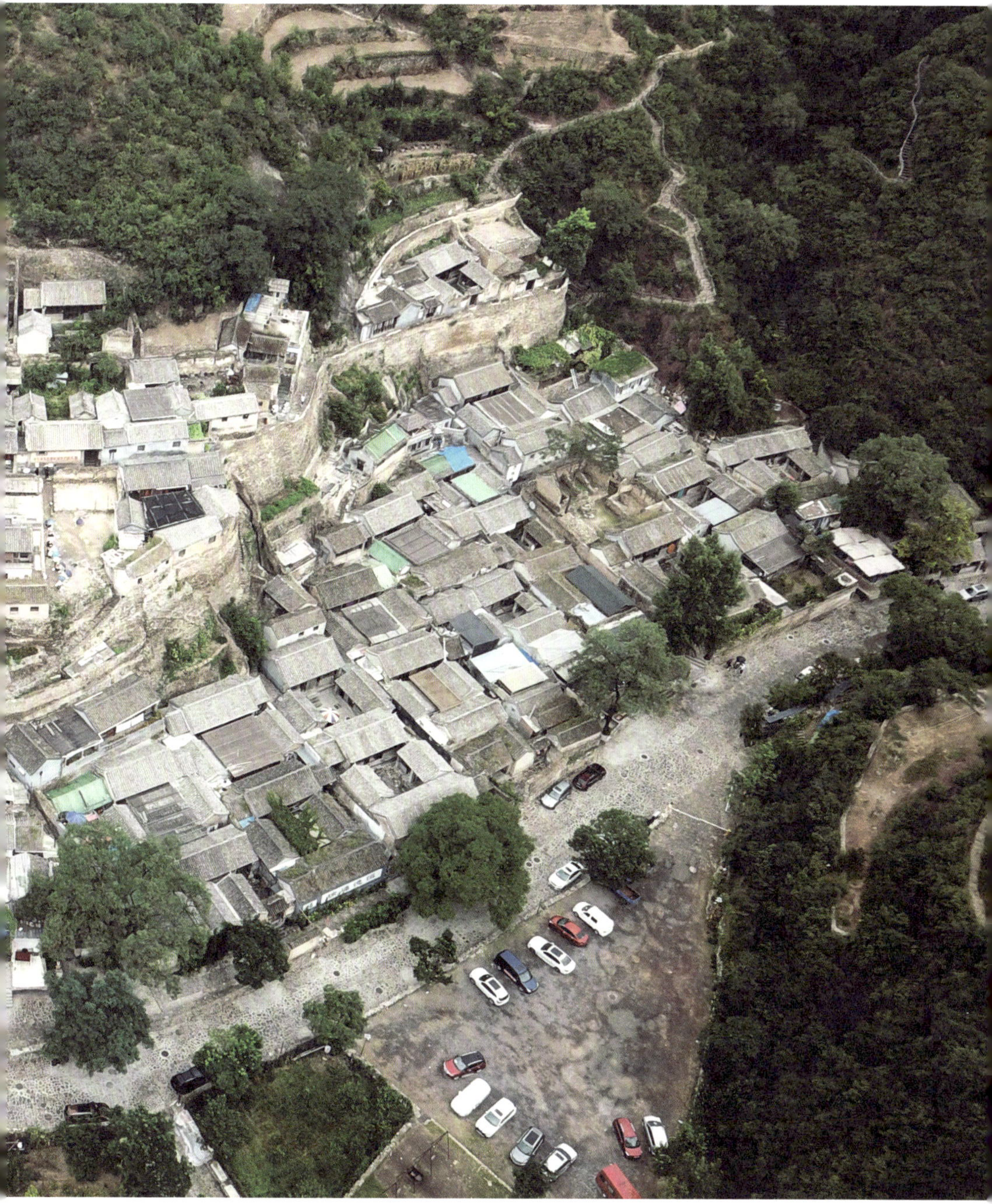

爨底下村村落肌理图

主干道
次干道

五开间正房乃村中最高房屋，恰好位于以龙头山为中心的南北轴线的制高点上。在横向连接上，这两组二进院采用明显的门洞和西厢房后的夹道加以连接。

每座院落由于受地理条件的制约，不可能完全满足坐北朝南的理想格局，也不能过分追求对称，只能沿等高线依山就势灵活布局。在爨底下村，院落空间不如平原式四合院的院落空间宽敞，一般仅相当于北京四合院的1/4，但却有着良好的采光、通风条件，可以说是爨底下村山地合院的特色之一。从房间的尺度、规模上，由大到小依次为正房、倒座房、东西厢房、耳房和罩房。正房和倒座房均为3间，村中"大五间"是最大的正房，厢房均为2间，全部建筑均为单层。入口空间多设有跨山影壁。爨底下合院式建筑的特点有三：一是正房的高度一般均高于其他房间1米；二是院落整体朝南且随地形层层抬高；三是房间的开间小，使得小小的庭院空间既拥有充足的采光，又达到节约用地的目的，小巧别致，组织紧凑，尺度宜人。

（3）建筑特色

建筑单体也受坡地的制约，往往厢房缩小，正房抬高，进深开间较小。有些厢房由于纵向空间不足，出现两开间等特殊情况。建筑结构多为木架构，围合材料大多就地取材，毛石、夯土、青砖兼有。围墙以毛石、夯土为原料，该原料易得，砌筑简便，坚固耐用。院落地面和台阶采用当地含有紫色矿石的石材为原料进行铺装，丰富的色彩增加了装饰特色。此外，爨底下村还通过石雕、砖雕、木雕、彩画等形式来体现装饰艺术美。

（4）建筑装饰

在爨底下村，山地合院建筑中无论是大门入口，还是过厅大堂，无论是屋脊山墙，还是梁架柱枋，只要条件允许，都施有装饰。爨底下村建筑的装饰部位主要集中在屋脊、墙腿石、门墩石、门神龛、门罩装饰、影壁装饰

古商道繁华依旧，风情古韵今犹在

爨底下村客栈一角

爨底下村驿站

古村古韵

爨底下村砖雕

古商道繁华依旧，风情古韵今犹在

上。装饰内容多以花卉、鸟兽为主，如喜鹊、蝙蝠、牡丹、荷花、莲蓬等，其表现的文化内容主要可分为以下几个方面：福禄喜庆、长寿安康；怡情养性、陶冶情操；道德伦理、德化教育；环境布局、除凶辟灾等，充分反映了爨底下村人对自然的崇尚、对美好生活的向往。受家庭地位、经济条件等的限制，其装饰部位、装饰内容以及精致程度等均存在较大差异。

（二）驿马銮铃胜驮忙，古道交会咽喉地——黄岭西村

黄岭西村位于北京西郊门头沟区斋堂镇的西北沟内，已有500多年建村历史，现与爨底下、双石头等5村联合形成爨柏景区。因村子位于贾家祖坟地黄岭之西，遂得名"黄岭西"，又因地处太行山余脉，村落周围群山环绕，有"斋堂黄岭西，古村山后藏"之说。黄岭西村分为上涧、下涧、西涧3个自然村。文物古迹有灵泉庵、"画眉石"窑、黄岭西古道。

黄岭西村的民居是大片相连的灰瓦屋顶的三合院、四合院，院内外保存有影壁墙、鸱尾脊、精美的砖雕、石雕、石鼓、石礅，构成了一幅山村民居风情图。"赌书消得泼茶香，当时只道是寻常。"[1]充满清代古韵的建筑，经过100多年的岁月剥蚀，仍在黄岭西村完整地保留下来，一如后人念起纳兰性德思乡怀人的词句时，虽已不见当年明月，却仍然为此情此景倾倒。而开门见山的梯田、百年矗立的古宅、华北罕见的古树，总是含着隐隐的感动，小村庄的安详、静谧像泉水一样清澈，颇有世外桃源的感觉。

每天清晨，黄岭西村都在布谷鸟悠远的啼叫声中醒来，小村的空气中

---

[1] [清]纳兰性德：《浣溪沙·谁念西风独自凉》

黄岭西村全景

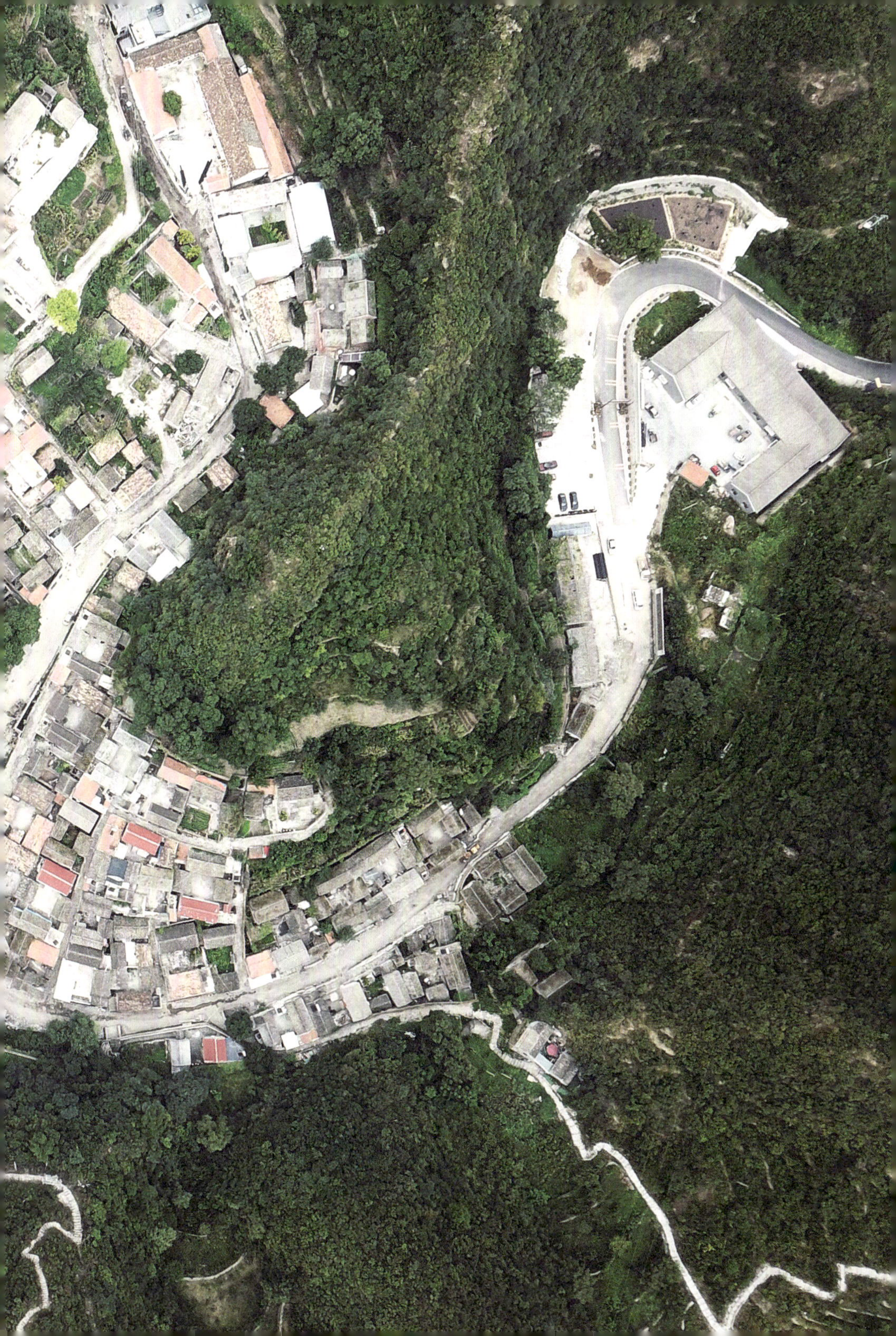

古村古韵

黄岭西村村落肌理图

古商道繁华依旧，风情古韵今犹在

主干道
次干道

弥漫着昨夜月光洒下的凉意，晴日的暖阳爱抚似的令它们退去，老树的叶子被太阳晒成半透明，绿意明暗堆叠。光影斑驳的树下渐渐热闹起来，孩子们呼朋引伴，大人扯着嗓子说着笑着向梯田走去，大槐树下常有七八个老人在闲聊："马走日，象走田，车走啥来着？"灵泉庵里诵经的老师父，在寂静无比的佛堂里打坐修行，仿佛安然入睡似的游离人世，又仿佛欣然觉醒一样回还人间……

黄岭西幽静自然，一派古韵。由于地处偏僻山间，100多年来没有遭受多少人为破坏，房屋、街道整齐，错落有致，山上古柏苍翠，山下村舍俨然。村内现有古民居院落108处，除一处被日本侵略者烧毁，其余几处均保存完好。民居多建于沟涧两侧，与古桥相连。黄岭西村人的智慧体现在因地制宜方面，如就地取用山中固有的山石建成村内的街巷。与石路相伴而行的是流经村内的溪流以及架构于上的小桥，民风古韵散漫于移步之中。

黄岭西村地处燕山峻岭之中，是

极具有西山地域特色的山地村落。2012年，黄岭西村被认定为中国传统村落。

历尽沧桑的黄岭西村拥有悠久的历史和深厚的文化内涵，有诸多的文物古迹和传说故事。秀丽山川所构成的自然景观与风韵十足的人文景观相辅相成，黄岭西村人还发挥他们的智慧，充分利用现有空间和丰富的文化内涵，给到来的游客提供一场村古山幽的民俗之旅。

1. 村落起源

黄岭西村属于典型的坟户村。据传，黄岭西的先民曹、王两姓系姑表兄弟，曾共同寄斋堂贾氏篱下，自愿到斋堂贾家祖坟地黄岭之西守墓。守墓之余，两人开始垦荒。他们发现黄岭西村所在地多煤，遂以挖煤为生，后成家立业，子嗣众多，繁衍成村。黄岭西村成村于明万历至清初期间，已有500多年历史。清初，黄岭西村因邻近四通八达的京西古道，很快成为商业繁荣的商品交易地之一，加之村子出产煤炭，村落稳定发展，规模不断扩大。

2. 村落选址

黄岭西村周围群山环抱，具体选址在3条山岭包围的沟谷地带，谷底有泄洪河道穿过。泄洪河道将3条山岭分隔开，使之相互独立。村落分别沿山麓地带展开，其中凤山是村子依凭的主要山体，周围还拱列着9个山头，当地人称这种环境格局为"九龙朝一凤"，并相信这是福佑村落发展的宝地。[1]

3. 空间布局

（1）整体布局

村子沿山麓展开，被山岭间的泄洪通道自然地分为上涧、下涧、西涧

---

[1] 郭华瞻、伍方、刘文静著：《北京门头沟黄岭西传统村落研究》，《华中建筑》，2016年第05期，第128—131页。

3部分。沿泄洪通道布置的主干道则将各部分联系起来。而每部分内部则分层设台地，并设垂直于等高线布置的次干道联系各层台地和主干道。各层台地的建筑均沿等高线横向布置，单个建筑院落则在进深方向垂直等高线布置。整个村落依山而建、层层展开。在村落西侧与北侧的菩萨庙和灵泉庵，因所在地势较高而成为村内的两个制高点。该村的格局充分利用了山地地形，既最大限度地争取了建设用地，又为每座院落争取了良好的采光、通风条件。

（2）街巷结构

村中道路可分为主干道、次干道和入户巷道3个层次。主干道共3条，分别为黄岭西北路、黄岭西东路和黄岭西西路，宽4～7米，现为块石铺砌而成。次干道多为垂直等高线布置，起着联系主干道和入户巷道的作用，宽1.2～2米，为块石铺砌；因需要联系不同标高的院落，故常为石砌台阶形式；在较陡的地段与主干道交接时则采用沿主干道增设坡道的方式。入户巷道较窄，通常约1.2米。

（3）公共空间

黄岭西村中的公共空间大致可分成3类：一是位于村内中心地带的"人"字交叉口处，此处地面抬高，面积较大，用于村内集会；二是古井周围、碾房前等两处由公共生活聚集而成的空间；三是街巷交叉口等邻里交流的空间，面积一般较小。

4. 营造之美

（1）院落形制

村内的居住建筑多为规模较小的一进三合院或四合院，单体建筑开间、进深也均较小，且大多数院落的厢房只有两间，以减小院落进深，典型地体现了山地建筑的特色。因须随山就势，建筑院落朝向多数并不是正南北向，

黄岭西村俯瞰图

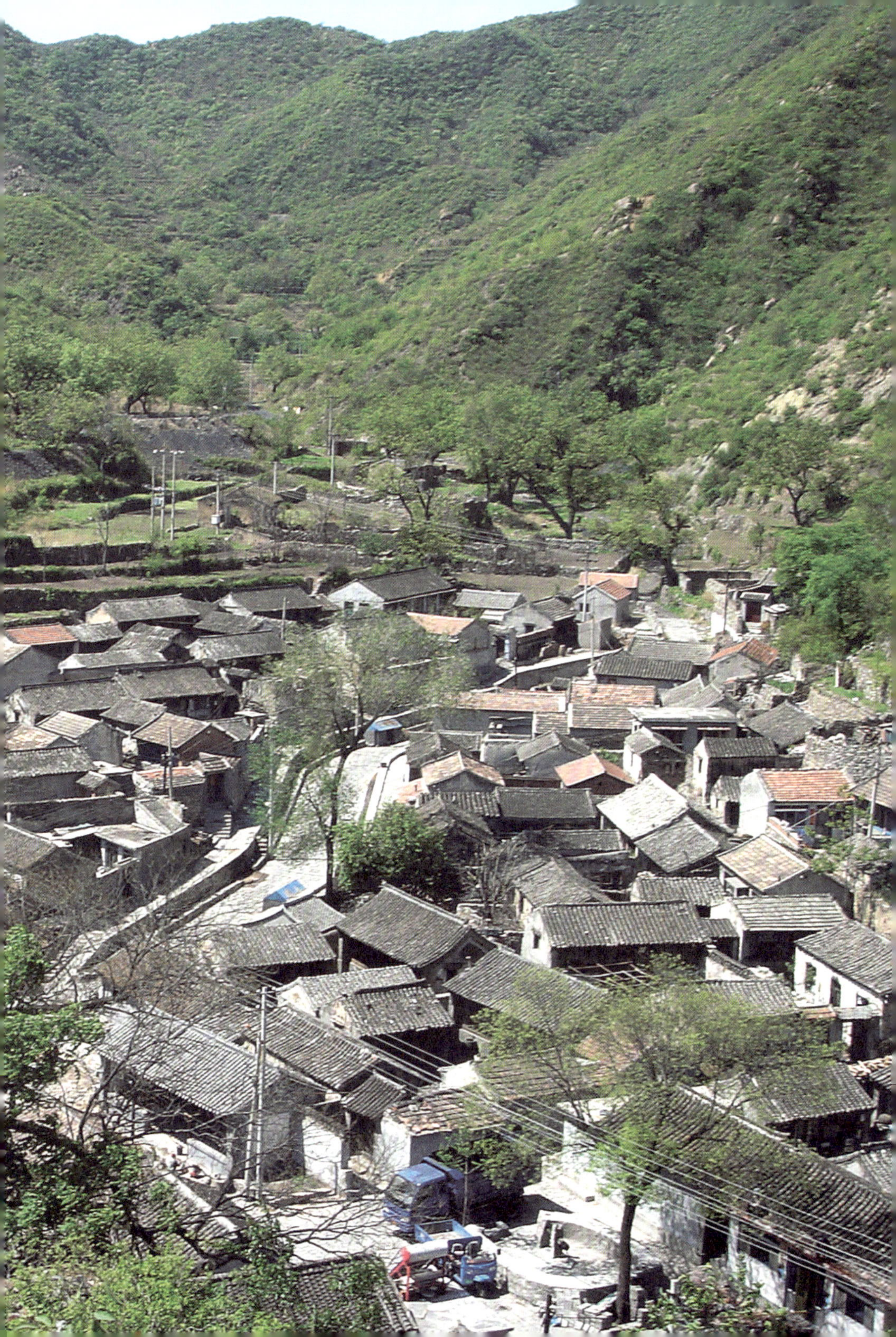

古村古韵

黄岭西村的老人

黄岭西村民居

古商道繁华依旧，风情古韵今犹在

黄岭西村民居墙

黄岭西村标语

黄岭西村街景

但仍以南北向、东南向为主,尽可能地争取了背风向阳的居住条件。

(2)建筑特色

村内现存古民居院落100多处,均保存较完好,其中比较典型的为曹家院和金柱套院。曹家院位于村中心地带,为典型的一进山地四合院。该院坐西朝东,门外设照壁,格局完整。院内正房和倒座房均面阔三间,进深一间,硬山顶;左右厢房则均为面阔两间、进深一间的硬山顶建筑。金柱套院位于村中心处的凤山脚下,是难得的两进院落。院落坐北朝南,入口开在东南角,面向村中主干道。为顺应基地条件,前后两进院的轴线并不一致,而是前院轴线向东错开了一定距离;一进院和二进院之间有8级台阶的高差;两进院子的东西厢房也均面阔两间,十分鲜明地体现出了山地四合院的特色。

古商道繁华依旧，风情古韵今犹在

　　黄岭西村的建筑装饰主要集中在迎风石、墀头、屋脊等关键部位，以砖雕、石雕为主，整体较为朴素。

　　村内石雕较少，主要出现在门枕石和迎风石等重点部位。如财主院大门门枕石鼓面上雕刻有梅花、双狮戏水等寓意吉祥的图案；灵泉庵正殿的迎风石雕刻花卉，灵泉庵山门两侧的迎风石上则各雕刻了一尊天王像。

　　村内砖雕较多，以屋脊端头的草砖雕刻最为精美。其题材以梅花、大叶莲、菊花、兰花等花草为主；在屋脊的交接处，多用砖雕"福""康"等字，寄托了人们对美好生活的企盼。此外，墀头部位也多施砖雕做装饰，以寓意吉祥平安的形象传达人们对美好生活的追求和希望。

　　百花墙是村内较有特色的墙体装饰手法，或由8块瓦拼成盛开的4瓣花朵形状，以白灰做花蕊，或由瓦片拼成带叶花蕾的形状。因其寓意百花盛开、家庭和睦，故多用于民居院落外墙墙头。

黄岭西村浮雕

（三）品古道西风瘦马，赏小桥流水人家——韭园村

枯藤老树昏鸦，小桥流水人家，古道西风瘦马。夕阳西下，断肠人在天涯。

——马致远《天净沙·秋思》

元曲作家马致远的《天净沙·秋思》是一首为漂泊在外的游子所作的小令，任谁多么坚硬的心都会被击中。他仅凭意象排列，就构成了全篇图画，如王国维在《人间词话》中说的，"深得唐人绝句妙境"。大家却不知道，马致远这首小令中描写的景物就出自京西门头沟的韭园村。这样言简义丰的一首小令，所写景物太过华丽、太过凄凉都不合适，京西古道历尽沧桑，看来是非他莫属。

1. 村落起源

韭园村位于门头沟区王平镇，被誉为"京西大道王平古道第一村"。根据史料记载，京西大道最早可追溯至五代时期，距今已有超过1000年的历史。燕山运动造就了京西山区丰厚的煤炭资源，旧时北京城主要以煤炭为柴薪，以驼队为运输工具，驼队和马帮的来往造就了韭园成村的基础。直至辽金时期，当地开始种植蔬菜，为沿途商队提供了补给资源，尤以韭菜最为出名，故定名为"韭园"。韭园村自此成了西山大道上的一个新生的村落。

2. 村落选址

韭园村坐落于京西九龙山脚下，是京西大道王平古道入口必经之处。王平古道从韭园村口的京西大道开始，经过韭园村、工平村、大台村、木城涧村、庄户村、千军台村、张家村、七里坟村等，与京西大道相连相

京西古道雕塑

韭园区域湿地

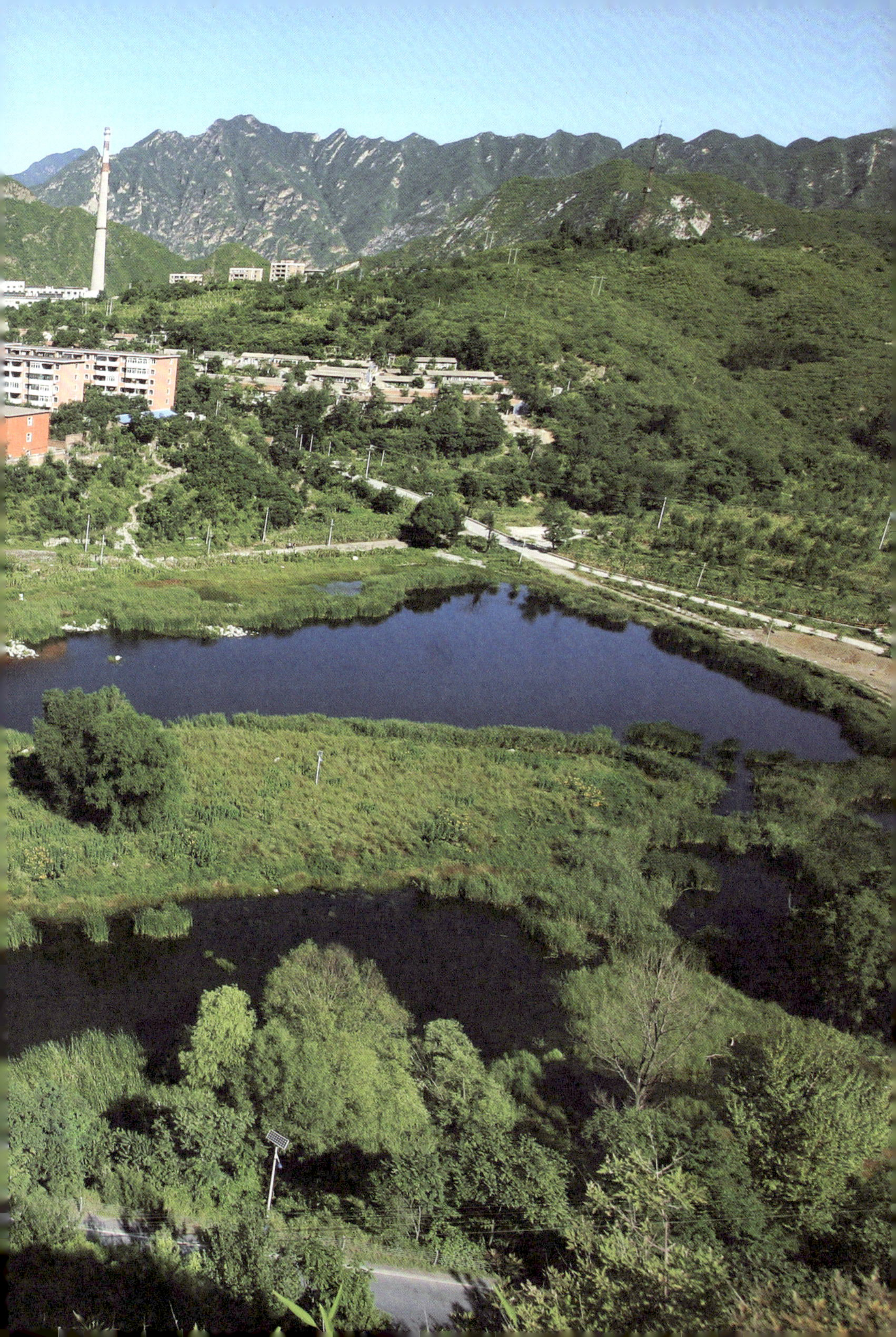

古道小品

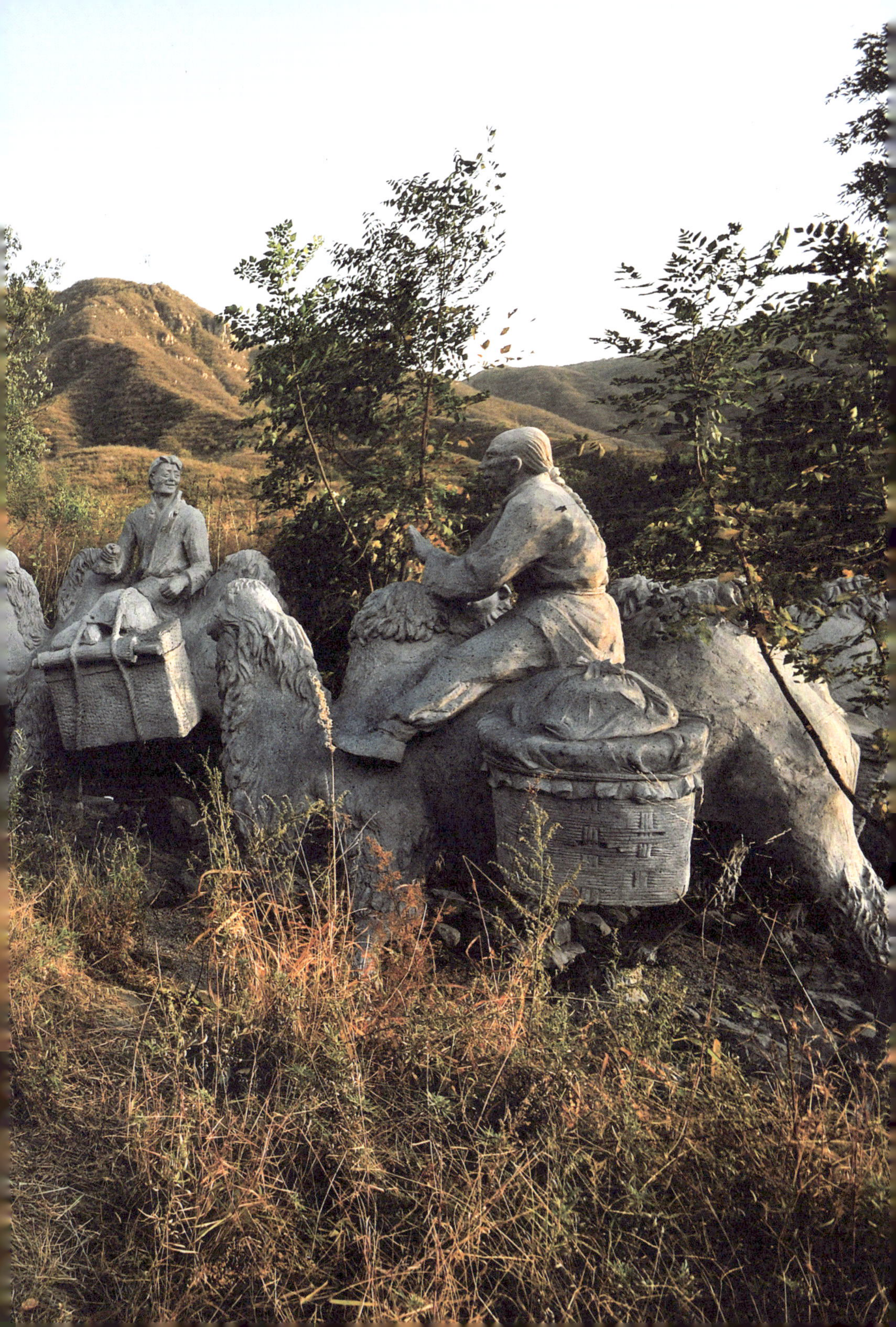

古村古韵

马致远故居

古商道繁华依旧，风情古韵今犹在

通，全长约1000米，纵横交错的古道造就了京西便利的交通网络。韭园村因古道而生，京西大道王平古道穿村而过，由于京西煤炭运输和山西等地物资运输的需要，以此地为交通枢纽，因而形成了村落。韭园村靠近西山丰富的煤矿区，而且优越的自然地理环境适宜蔬菜特别是韭菜的种植和生长，为辗转在古道的商队提供了优越的补给资源，成为京西重要的中转站。

3. 空间布局

韭园村由韭园、东落坡、西落坡和桥耳涧4个自然村组成。从空间布局来看，韭园村位于北部，东落坡村和西落坡村位于南部，桥耳涧村位于东部，形成了交相辉映的村落分布格局。京西大道王平古道穿村而过，连接四村再往西走，为韭园村提供了立村之本。古道两旁布满了古老的商铺和民居，现仍存留着"古道商铺"牌匾的古民居。韭园村村宅整齐，错落有致，村道两边有龙王庙、观音庙、关帝庙等庙宇，错综复杂的地形奠定

了韭园村依山而建的态势。

4. 营造之美

韭园村建筑历史久远，现存有可追溯至金元时期的建筑古迹和古民居。韭园村由于被九龙山环抱，该区域地形地貌复杂，以高低起伏的山地地形为主。村内有马致远故居、牛角岭关城、碉楼、庙宇等多处古建筑，古民居、古庙宇、古碉楼都是韭园村浑厚历史的见证。村内现有古民居多为元明清时期建筑，大多数为建造工艺精致的三合院和四合院，其中以元代马致远所在的故居最为出名。村内房屋整齐划一，以青砖灰瓦、窗花木雕、砖雕石雕等明清特点建筑为主，凸显了韭园村的古风古韵。古道两侧还保留着"古道商铺"牌匾的古民居，似乎还在诉说着当日古道上客栈、商铺和酒铺的喧闹。马致远故居是一间古朴的四合院落，院前是一座木制小桥，充分展示了小桥流水人家的诗画意象。院内中央筑有纪念马致远牵着瘦马的雕塑，东南西北方向各有3间房间，房内陈设简单，摆设着元曲、字画、古琴、油灯和桌椅等物品，生动地再现故人生活的情景。距离马致远故居不远处是一座3层高的碉楼，相传建于金代，主要以石头为材料，顶部曾建有精致的木质阁楼，由于年代久远现已消失。村中还有一处被称为"落难坡"的古遗址，是建于金代的监牢，相传宋代徽、钦两帝在被押往金中都途中曾囚禁于此。

（四）京西井荞第一村，神泉野趣八景幽——碣石村

碣石村位于门头沟雁翅镇西部，距镇政府9千米，海拔约600米。这里有着得天独厚的人文、自然资源。2005年9月，"碣石古村落"被列入门头

沟区第五批区级文物保护单位名单。

碣石村虽历经数百年沧桑变迁，但仍保有较为完整的明清古民居群落。正如作家丁立梅所言，"当华美的叶片落尽，生命的脉络才历历可见"。村中东西走向的中街长200米，6条南北走向的胡同与主街次第交错，保存完好的明清古民居院落错落分布其中，每个院落都有其独到之处，从屋脊的雕花到门前的台阶，无不展现出古代人民的智慧和建筑的等级制度。院中各种陈设雕饰都保持着古朴风格，石雕题字随处可见，具有浓厚的古风韵致。由于岁月的磨洗，这些陈设雕饰保存完整的不多。

碣石村历史上有八景：观龟取玉、水湖深潭、小船激浪、飞来巨石、窟窿穿山、古槐逢春、观音洞天、古井风韵，其中古井风韵最具代表性。碣石村原有72眼古井，现存56眼，水源充沛，地下水位较浅，井深大多在3米左右，在明代时碣石村就已有几十眼井。到清末，井的数量增至70眼之多。这些古井交错分布，造型富于变化，风格各异，很多古井都蕴含着一段动人的传说，碣石村也因此被确定为"京西井养第一村"。中华人民共和国成立后，对原有的井进行维护和扩建。这些古井之水主要用于日常生活、田间灌溉等。

村中3棵巨大古槐历经千年岁月仍枝叶茂盛，葱郁挺拔。村落周边杏树、桃树、核桃树等茂密成林，绿荫丛中聚落建筑群若隐若现，非常美丽。无论是林语堂还是徐志摩，所有文思泉涌都是被代代相传的记忆开启的，当他们望向西山的时候，西山的沧桑就在他们的心底暗流涌动，新鲜的情感也随之暴露出来，这是让他们写作时充满灵感的方式，当晚霞斜照在西山上空，总有人心也跟着泛起波澜，哪怕相隔很远，也能一眼望穿。

1. 村落起源

碣石村历史悠久，文化底蕴深厚。看到"碣石"两字，我们首先想到的是"东临碣石，以观沧海"。但是这里又没有海，为什么村子会以"碣石"命名？据当地人说，碣石村建村不晚于金代，原名"三岔村"。当时有3位朝廷命官看中了这里的环境，决定在这里建村。他们家眷众多，骡马牛羊成群，扎营安家在三岔村后，开始挖井取水定居下来。另据十三陵碑文记载，碣石村原名三岔村，主要有高、何、于三大姓氏，这三大家族在当地名声显赫，有"高知府、何知县、于家三翰林"之说。因村前有很多躺倒的大石头，按照"立石为碑，卧石为碣"的说法，村子被重新定名为碣石村。

碣石村全貌

2. 村落选址

碣石村三面环山，四周有母子山、屏照山、姐妹山、玉石山连绵环绕，有如长龙奔袭之势，村民称之为"九龙拱伏"。碣石村外有一条碧清的河水绕山体行走，成为村寨的自然护村河。在人居环境学中，水象征着财富，说明这里正是一块极佳的宝地。

再从村落周边自然环境来看，碣石村位于谷底，被横岭、黄草梁和百花山簇拥。村落北面的横岭山势险峻，就是背靠主山。南面又有永定河经过，水源充足。据当地村民介绍，由于所处地理位置角度奇特，此村属于不达村口不能见村的绝佳之所。

3. 空间布局

（1）整体布局

碣石村的主要建筑群都在燕山的山谷之中，这里平地面积很少，所以村庄沿山谷呈狭长形。建筑组群的排布与街道走向密切相关，一般垂直于巷道，同时为了顺应山体及溪水的走势，村中建筑大都朝向西南与东南，以获得最佳日照。另外村落周围缓坡较多，所以很多院落因山就势，沿着坡地向上排布，形成层层叠落的布局。不同层面之间以石级相连，形成整体呈线性但又竖向层次丰富、布局自由的村落形态。归根结底，村落的布局要满足人们生产生活的需求。

碣石村的建筑类型主要有住宅、庙宇和商业用房，其中最主要的建筑类型是住宅，这些住宅建筑大都建在山谷底部的平缓地带，以及坡上相对平缓的平台上，朝向良好，日照、通风条件良好。庙宇分布在村落的东南端。村中的两座庙宇（关帝庙和龙王庙）位于东南角的村落入口处，可达性良好。村中没有专门的商业用房，都是与住宅建筑复合，均匀分布在各个区域中，方便居民购物。上述3类建筑都有自己的分布特点与最佳位置，

因而可以看出居民活动对村庄布局的影响。

（2）街巷结构

碣石村中的道路分为干道和巷道两种。村内干道呈东西走向，长约200米，在西北部分为两支。这条干道因地制宜，随形生变，将整个村落连接在一起。村内巷道是沿着干道排布联系各个建筑的次要道路，共6条，均为南北走向，道路多由石板铺设而成，遇有高差便设台，但并不改变街道走向。村落路网结构清晰规整，竖向空间富含变化，形成了碣石村独有的街巷空间。主街两侧的建筑抬高以防洪，建筑与街道之间通过台阶与中间道路相连，丰富了街道层次，适应了地形的变化，也更加明确地界定了各家门口的活动交往空间。村落顺应坡地地形，沿坡面布置，不同高度层面各有横向的街道，顺应地形，层层上升。由于当地盛产石材，当地居民采用石块垫高建筑底座来解决地形高差的问题，并充分利用了有限的空间。

（3）公共空间

三岔口形成的中心空间就是一处公共空间。碣石村因山而建，位居山谷之中，自东南向西北伸展，但在西北处遇一山脉犄角，便在此处分作两支各向西北、西南而去。碣石村原名三岔村便是因此而得。因此这三岔路口形成了村中的一个中心地带，成了居民日常做买卖交易之处。碣石村内有3棵千年古槐，属于北京市挂牌保护的一级和二级古树，古树之下也成了街坊邻里平时闲聊、休息、社交的公共空间。

4. 营造之美

（1）院落形制

碣石村的主要建筑群都在燕山的山谷之中，这里平地面积很少，村庄沿山谷呈狭长形。村落周围缓坡较多，所以很多院落因山就势，沿着坡地向上排布，形成层层叠落的布局。古民居有一合院、二合院、三合院及四

古商道繁华依旧，风情古韵今犹在

古槐树

合院，其中三合院与四合院居多。

(2) 建筑特色

村内建筑普遍采用最简单的建筑形式：硬山清水脊、板瓦、石望板、五架梁、四角硬、磨砖对缝。建筑用材就地取材，为砖瓦灰及石料木材等。大部分民居用板瓦覆顶，亦有少部分厢房使用石板顶。民居建筑脊上盘子砖雕有精美的荷花、牡丹等花卉。民居的建筑结构为地基、围护结构、木构架、屋顶。以保存较为完好的韩思恭宅为例，韩思恭宅为坐北朝南的一进山地四合院，正房、倒座房、东西厢房围绕中间庭院布置。门外加建一道墙，起到了近似于影壁的效果，很好地引导了入口方向。大门北侧为座山影壁，中间书"鸿禧"。院内正房面阔三间，进深5.4米；东西厢房面阔三间，进深3.2米，均为硬山清水脊，带勾头滴水。

碣石村村落肌理图

（3）建筑装饰

碣石村建筑整体较为朴素，但局部有精美的装饰，如屋脊装饰、墀头装饰、门窗装饰以及神龛装饰等。砖雕简约精美，门窗装饰丰富多样，院内青砖墁地，保留了浓郁的明清建筑风格，精致古朴的砖雕、木雕点缀其间，庄重又不失生活情趣。碣石村民居屋脊的盘子砖上通常雕刻着精美的荷花、牡丹花等图案。荷花寓意着圣洁美好，也表达了人们多子多福的希望；牡丹象征着富贵吉祥，表达了人们对美好生活的希冀。墀头往往也是装饰的重点。以韩思恭宅为例，墀头和戗檐上的牡丹，花团锦簇，除了表达宅院主人对未来的美好企盼，也显示出主人较为充裕的财力。门神龛是碣石村内为了供奉门神而在门楼上设置的，门神龛砖雕的装饰也是丰富多彩。有的门神龛上面是牡丹花，下面是桃子，边梃饰以桃花；有的门神龛边梃饰以变形的云纹，即中国人经常说的"祥云"，下边雕刻着象征高洁长久的菊花；还有的门神龛则以楹联装饰。

（五）人杰地灵举人村，钟灵毓秀民风淳——灵水村

灵水村位于北京市门头沟区斋堂镇，占地15平方千米，是京西古道上一座山环水绕、苍松翠柏的古老村庄。早在汉代，灵水村就已具相当规模，辽、金时期逐渐扩大，清朝和民初为鼎盛时期，逾千年的建村史和"天人合一"的建造布局赋予了这里儒雅的气质。自明清科举制度盛行以来，村中考取功名的人层出不穷，因此灵水村也被称为"举人村"，因其历史文化积淀深厚而享有盛名。

灵水村自然风光秀美，文物古迹众多，其中北山翠柏、柏抱桑榆、灵

古村古韵

泉银杏、举人宅院、东岭石人、西山莲花、南堂北眺和寺庙遗址，自古有"灵水八景"之称。

灵水村还是一个地灵人杰的地方，这里不仅读书人多，而且做官、经商的人也多。灵水村不仅在科举时代出过22名举人、2名进士，民国初年也有6人毕业于燕京大学。一时间，村内读书蔚然成风，名闻遐迩。2005年，灵水村被评为全国历史文化名村，2012年被评为中国传统村落。

灵水村依山而建，常有山风。游客在灵水村中漫步，或许和我一样，常常想起村里曾经的读书人。他们也曾在村子前后的石头街道吹风，一抬眼，忽然望见半空中无依无凭地游走的山雾，那时天光瞬息万变，山体泰然矗立在云气中，看得入神，便在这明晦不定的天色里想起了人生、世界，还有少年情志。许多年后，他们完成了自己的使命，有得有失，回归故里，又走在这条石头街道上，抬头看山，看见山体的走势仍与那年那日别无二致，或许这就是人生的真谛、世界的真容，无关风月，无关荣辱。

灵水村前后有3条石头街道，层层叠叠的房子簇拥在一起，一座座古民居错落有序。村中现有明代民居20余间，清代民居100余间，整体格局和传统建筑风貌保存完好，是当之无愧的"中国北方明清乡村民居建筑的典范"。现保存完整的举人宅院，以刘懋恒、刘增广、谭瑞龙、刘明飞等举人的宅院最为典雅精致，建筑为砖瓦结构，青砖灰瓦，布局合理，门楼、影壁、石级一应俱全，其间的石刻、雕画、宅门、楹联体现出深厚文化内涵。漫步村中，依然能感受到耕读传家、数代同居的古朴生活方式和自然天成、其乐融融的生活氛围，安静祥和，令人陶醉。

1. 村落起源

灵水村历史悠久，据《宛署杂记》记载："灵泉寺，在凌水村，起自汉时。弘治年僧员海重修，庶吉士王伦记。"这里所说的"凌水村"即灵水村。相传汉代一位高僧在此传经修行，引来八方香客，在此择地建村，明清两代得以发展。另外在门头沟区清水村，辽代古刹清水院寺内，辽统和十年（992年）建造的经幡上通过题名者姓氏分析判断获悉，当时灵水村已有村民的记载，可见灵水成村最少也有1000多年历史。

2. 村落选址

灵水村处在北京西部深山之中，北控塞外，西携秦晋，东望京师，南眺冀野，是京西古驿道上的重要村落。灵水村的先人在村落选址上极为讲究。灵水村坐落在清水河的支流灵水沟的尽头，北、西、南三面环山，只有东面是个开口，尽享三山之财气，沐浴东方的朝阳，可称是深山中一处难得的人居宝地。灵水村在建村筑舍时讲究"前有照，后有靠"，前有"西山之祖"之称的雄伟的髽鬏山为照，后有秀美的莲花山为靠，群山环抱、围合封闭，负阴抱阳，藏风聚气，东进而西收，松柏罩头，苍翠欲滴。在髽鬏山上有一山峰，从灵水村望之，好像一位教书先生在黑板上写字。村落周边绵延的山脉还对村落构成了围合，称为视线范围内的村落自然边界，为村落限定了一个内向、封闭、安全的生存空间。村落依清泉而建，水绕村而流。整体上来看十分符合村落选址要枕山、环水、面屏的原则。灵水村地势西北高、东南低，略呈长方形。村落外部形状像一只头朝南的大乌龟，龟头在南楼，龟尾在北庙，四肢就是村落周边的庙宇，纵横交错的街巷为龟背纹理，院落就在龟形轮廓的基础上进行组织。龟是中国传统文化中的"四灵"之一，与龙、凤、麒麟并列，象征吉祥、长寿。人们相信"龟"可以保佑村落繁荣发达，人才辈出。

村里的石碾

3. 营造之美

（1）院落形制

灵水村的古民居以四合院为主，此外还有一些三合院。而四合院一般又是以一进院为主，还有一些三进和五进院。灵水村四合院式乡土建筑具有北京传统四合院的基本特征，即对称式平面与封闭式外观。但受地形变化的限制，强调依山就势，因地而建。建筑以一、二进院居多。和城区四合院相比，山区四合院一般包含城市四合院的基本要素，包括正房（耳房）、东西厢房、倒座房、门楼、影壁。城区四合院中的附属要素在山区普通民宅中则很少存在，包括后罩房、游廊、屏门、垂花门等。这些要素有的在等级较高的举人宅院或富绅宅院中是存在的。正房每开间一般在4米至5米之间，进深一丈。东西厢房开间一般在3米至4米之间，进深小于等于一丈。倒座房的开间数较为灵活，三至五间不等，开间一般在2米至3米之间，有的时候利用一间作为宅门。以上可看出灵水村四合院整体空间尺度的减小。小型四合院（一进院）的格局精巧别致，南房（倒座房）3间，东南角为一如意门门楼，门楼为硬山顶，清水脊，门楣上装饰有门簪，门楼内侧左壁砖墙上设有门神龛，角柱石上刻有各种花卉和吉祥图案。院内北房（正房）3间建于台基之上，前檐为通高门扇，两厢房各两小间。建筑布局需要随山就势，较难获得理想的南北朝向。但是，灵水村内多官员和富商，即便在山地条件下，仍然营造出了一些理想朝向的深宅大院以彰显其身份地位。如明末清初的知府刘懋恒宅院，原来就是一座南北向五进大院，而且，在院落格局的安排上，也尽力将主要生活空间扩大，房屋面阔三间，不同于普通宅院。当然，大宅院也深受山地地形的限制，刘懋恒宅院第一进院的厢房就仅面阔一间。

不同的居住人群对于住宅需求的不同导致了住宅的功能布局及空间流线组织的不同。民居的类型和形式与它们为满足家庭的日常生活需求空间上的组织和利用有关，民居的类型和形式对于使用者的重要性可以在符号和装饰中得以体现。灵水村的民居建筑类型主要包括商业店堂、农民宅院和举人宅院。

① 商业店堂

灵水村的商业曾一度繁盛，店铺多为三进和五进宅院，建有门楼、影壁、高台阶、大板门，过厅宽大，雕梁画栋，墙壁磨砖对缝，墙体厚实，砖雕简洁而讲究，花饰粗犷中蕴含着秀美，建筑风格具有"乡村士大夫"的风范和文人风雅。以三义隆古宅院为例，三义隆古宅院为清代四合院，入口设在院落东北角，门前有照壁，上写"戬穀"两个大字，院内有一跨山影壁。墙腿石分别雕刻荷花、牡丹，象征家庭和美与富贵荣华。进院后东西房各3间，南北厢房各两间，全部为硬山式房屋。西房为正房，清水脊，两头高翘蝎子尾，屋顶上是板瓦合瓦，有雕花的瓦当和滴水。窗户是步步紧，窗棂上雕有"喜鹊登梅"。

② 农民宅院

因农民宅院由原有大户人家割据而成，入口的方向没有统一的规则。经济条件所限，建筑尺度较小，有的是将原有多进院落分隔成几户，共同使用一个门楼；有的将原有建筑较大的正屋一分为二，分成两厢房。院内堆放生活生产用品，如煤堆、柴堆，或设有鸡圈、菜园等，部分设有地窖。屋内设有火坑、地炉，以供冬日取暖。以灵水村刘家宅院为例，一户由东西两跨院组成，东跨院为父母所居，西跨院为后来加建，供儿子儿媳居住。除基本要素外并无附属要素，节省下的空间作为生活生产空间。

③ 举人宅院

刘懋恒的宅院在灵水村最为突出。其宅院高出地基几米，地基由大块长方石条砌成，敦实坚固，多年来，几经翻修，经过分割，形成了现在的形态。房屋虽损坏严重，但是地基却依旧如初。宅院位于灵水村中轴线上，以宅院为核心，地势较低的东侧为长工宅和牲畜圈，地势较高的西侧为高级长工宅与花园所在地。从中街到后街均为刘家宅院，局部用围墙围合，内部有门互通。现一座三进格局的院落被保留下来，依稀能看到刘宅的原貌。外院有倒座房和东西厢房。倒座房中部原有正门，现已用砖石封闭，另在东侧开门。东厢房山墙设置一精致的跨山影壁。外院为接待宾客所用。从外院到内院及后院，地势依次升高。外院与内院通过垂花门相连，内院主要用于自家人生活起居。内院正房为五开间

古商道繁华依旧，风情古韵今犹在

七檩前后廊硬山建筑，从残留的地基可推测此正房建筑构造应与灵水村现存的另一座豪门大户的正房相似。中间的3间前出廊，有楹柱支撑，两侧的暗间并没有出廊。房子的前脸没有坎墙，用木装修来围合。

灵水村举人文化展览馆　　　　　　灵水村举人学堂

（2）建筑特色

灵水村建筑单体多为硬山顶，青砖灰瓦，装饰精美。受山地地形条件下建设用地的限制，居住建筑形成了自身的鲜明特点：建筑规模相对较小，单体建筑的尺度较小，如厢房，多为面阔两间。不能获得理想南北朝向的居住院落，也通过建筑山墙开窗的细部处理争取日照条件，同时，增开的窗顶部常做小瓦檐，起到了很好的装饰作用。灵水村建筑为"抬梁式"或"半抬梁式"，庶民庐宅多为五架屋。梁，又叫挖，一端架在檐柱

古 村 古 韵

上，另一端有的直接插入后檐墙，并与埋入后檐墙内的柱子搭接，梁上以童柱支撑檩条。灵水村建筑的另一特色为建筑用材皆就地取材。灵水村建屋时，常使用石灰（白灰）、瓦砾、碎砖等或加沙子拌在一起的三合土打筑，非常好用，但不能载重。木架构使用的木料多为当地杂木，松柏木使用得也较为广泛。区分明朝或清朝建筑的要素之一便是看墙腿子石的材料：明朝建筑墙腿子石为沙石，而清朝建筑为石灰石。[1]灵水村建筑墙体，如围墙、山墙、后檐墙、墙基等，也是就地取材，用乱石砌筑，利用当地的沙子、黄土混合并掺秸秆制成灰泥涂抹，有的围墙也不用灰泥涂抹，石块垒叠的纹理清晰可见。砌筑的工艺十分简易，上下层石块间尽量错

灵水村火龙庙

[1] 王南希著：《京西门头沟山区村落乡土建筑与景观研究》，北京林业大学，2014年

缝或大致呈席纹摆放，每层之间用滑稻泥塞满，最后以滑秸泥抹面。

① 屋顶

灵水村建筑屋顶基本上均为硬山屋顶，正脊做法有清水脊、鞍子脊及二者的简易变体；而垂脊多为披水排山脊及简易变体，只是简单地将泥层加高，突出最边缘一陈瓦以示为垂脊或根本无垂脊。屋顶多用仰合瓦屋面，也有仰瓦灰梗、棋盘心屋面，现代多用三曲瓦屋面。也有的屋顶是根据所能取得的材料拼贴而成，并非单一的形式。

② 门楼

灵水村以蛮子门、随墙门门楼形式最多。蛮子门采用五檩硬山式，平面有6根柱子，所用材料简朴、粗陋，粗细不等的杂木椽子之上覆与椽子相垂直的短木板或较细短木条，木板之上再覆滑稻泥，后覆仰合瓦屋面。

③ 影壁

影壁是四合院大门内外的重要装饰壁面，在灵水村很常见。灵水村的影壁以跨山（墙）影壁和一字影壁为主。影壁皮条脊上雕刻有各种纹饰，脊下为小瓦筒的檐子，风格各异。影壁的基座和边框饰以砖雕，壁心多为"鸿禧""戬榖""迎吉"等吉辞颂语。

4. 民俗之美

灵水村文化底蕴深厚，风土人情独具特色，村民热爱吟诗、论文、作画、讲故事、耍龙灯、荡秋千等文体活动，流传久远的"九曲黄河灯"是灵水人的拿手游艺项目，还有历时300多年的"秋粥节"保留至今。

关于秋粥节的由来，清康熙《宛平县志》（卷五）和清末光绪《齐家司志略》都有类似记载，宛平县灵水村人刘应全，为人纯朴。清顺治初年遇饥荒，"捐家资数千金，以赈贫困"。康熙七年（1668年），灵水村发

古村古韵

灵水村古建遗迹

灵水村文化景观

生水灾，与子刘懋恒赈济饥民，捐谷2700石。康熙二十一年（1682年），灵水村发生旱灾，刘懋恒承父志赈济饥民，捐谷1000石，全活万余人。时至清末民初，灵水村居民达360户，人丁2000人，买卖商号十几家。为了不忘过去的灾难和恩情，教化村民共同减灾，甲午科举人刘增广提议于每年立秋日全村一起喝粥，以此纪念。

老北京风俗，立秋日"贴秋膘"。《京都风俗志》载："立秋日，人家亦有丰食者，谓之'贴秋膘'。亦有以大秤称人，记其轻重，或以为有益于人。"灵水村则是集资买锅，把锅定为公产。立秋节时，共同集粮，在街上分片做粥，全村聚在一起过节，分食杂粮粥，彼此谦让，礼貌问候，化解邻里隔阂，人情融洽。这项意义深远的减灾活动一直延续至今，演化为灵水秋粥节。

根据传承形式和内容的不同，灵水秋粥节的传承活动，大致以2001年为界分为两个阶段。2001年之前为村民自发阶段，在立秋节到来之前，街坊邻居就一起商议分工安排、准备熬制"秋粥"的材料等，往往是这家出米，那家出豆，第三家出枣，第四家出核桃……灵水村的秋粥，主要由杂粮（小米及各种豆类）熬成，特别是加入了大枣、花生米、杏仁、核桃仁等，营养相当丰富，与八宝粥相比也不逊色。到了秋粥节这一天，村民往往凌晨三四点钟开始支起大锅，担水劈柴，熬制秋粥。天亮了，街坊邻居拿出各家自制的各种泡菜、咸菜等，共食秋粥，共度节日。据灵水村干部讲，除"文革"时期秋粥节停办了4年，全村人"共喝秋粥"的民俗一直延续至今。

进入21世纪，随着京郊文化热及文化休闲旅游的发展，秋粥节活动开始受到村镇政府及文化产业开发公司的重视，节日活动由村民自发组织转向由村镇政府组织或村镇与开发公司联合组织。2001年，灵水村开始出资

村民自发提供熬秋粥的食材（张勃摄）

买锅，并由村镇政府购置"秋粥"杂粮等。同时，结合"举人文化"，举办书法笔会、绘画展、义诊和地方戏曲演出等多项活动，吸引各地游客前来，与灵水村民一起共食秋粥、共赏节目，同时游览举人故居、古寺庙、古树等特色景观，带动旅游产业发展。

秋粥节能够历经300多年沿袭至今，并且吸引许多外乡人参与、共享，根源在于它是人类美好品质的象征，是"为富也要仁"的中华民族传统价值观的再现。京西灵水村历史上著名的举人刘懋恒，开仓济贫，捐谷救灾，救活了上万人的性命，其价值不仅是名垂青史，也是在以其高尚的品德、美好的人性影响着一代又一代人。因此，灵水秋粥节的传承，是先人美好人性的象征，也是今人对高尚品德、美好人性的敬仰、追求。

古商道繁华依旧，风情古韵今犹在

灵水秋粥节（张勃摄）

游客在秋粥节上喝粥（张勃摄）

（六）一榆两槐四古柏，红芽香椿满梯田——苇子水村

苇子水村位于北京市门头沟区雁翅镇，过去因水边芦苇丛生而得名。整个村子沿一条东西走向、山石垒砌、深宽近两米的灵泉河沟而建，古民宅位列两侧，沿着山沟从村头到村尾。村内现有明清建筑风格的四合院48座，三合院37座，保存比较完整的有7个院子。河沟上相邻不远就有石桥，共有12座石头砌的小桥，就地取材，造型各异，供行人通行，或平或拱，或宽或窄，随河面宽度而变，仪态万千。更绝的是，所有石桥都不是石条铺砌，也没有桥墩，全靠一块块大小不一的石头发券垒砌而成，石桥的券拱弧度不一，最小的仅有5度。村子内古井、古石碾随处可见，共有8井12碾。金秋时节，走进村落，河水清澈灵动，石桥飞跨如虹，红叶满山，山楂、柿子彤彤如火。在我国古典名著《西游记》中，孙悟空到斜月三星洞菩提祖师处求仙学道，一天，菩提祖师问起孙悟空来了多少时日，孙悟空说，后山的桃树会结桃子，他已经吃了7次饱桃，意思就是已经来了7年。这种记年方式很有趣，但却不知世代生活在苇子水村的村民，见过几轮红叶、吃过几茬果子，唯一可知的是秋日暖阳之下，村庄宁静安详，村民尽享怡然之乐，周边风景和平常日子就是他们的诗。

村口石桥前有一棵国槐，主树干有个可以藏入两人的大空洞，仍枝繁叶茂，是这个古村落悠久历史的象征。在村中漫步，随处可见保存完好的古民居、泄洪道、石桥、古树，俱是这里先民顺应自然留下的珍贵遗产。

苇子水村有文字可查的最早记载为明万历二十年（1592年）。据说明朝该村宗祖高氏从山西洪洞大槐树迁移到此，历经400余年，百户同宗，无其他姓氏，家谱清晰完好。由于涧深谷幽，环境相对封闭，村民友善互

古商道繁华依旧，风情古韵今犹在

苇子水村展

助，夜不闭户，路不拾遗，生活宁静平和。淳朴的民风和山村的古韵为发展民俗旅游创造了得天独厚的条件。2012年，苇子水村被列入中国传统村落名录。

1. 村落起源

苇子水村的祖先是明代从山西出发经京西古道迁移至北京西山地区的高姓民众，他们最初选择落户于雁翅镇。后因此地芦苇茂盛，根下浸水，于是高自笔、高自墨两兄弟从雁翅镇迁居至此定居，取名"苇滋水"。高氏兄弟二人居住在村东可躲风避雨的天然石洞，凭借毗邻京西古道的区位优势收购、贩卖芦苇等为生，后走出石洞，建造房屋，繁衍后代。如今水

古村古韵

苇子水村民居

沟干涸了，芦苇也没了，村名也演变成"苇子水"。

2. 村落选址

苇子水村位于北京市门头沟区雁翅镇，地处田庄沟中段的沟底，四周有九条山脊，远看酷似一条条神龙，而龙头都朝向低谷的村里。又因村内有灵泉流水，像一个金盆，九龙之头探至金盆之边，恰似来饮灵泉之水，故有"九龙戏金盆"之说。

3. 空间布局

（1）整体布局

苇子水村同大多数传统聚落一样，整体格局并非依照严谨的棋盘状网格，而是以西山古道、灵泉河道为骨架，东西向辅路为分支，沿灵泉河沟向两侧放射形成鱼骨状布局。受山地的限制，院落沿山脊方向延伸。这些合院依山而建，沿山坡分布，只有南部少量建筑位于平地。

（2）街巷结构

苇子水村街道可分为主街、次街和小巷。东西走向的主街，延伸出南北向的次街，小巷穿插其中。主街为

苇子水村口

沿灵泉河分布的石梯路，东起村口广场，沿水路一直延伸到村落西北角，不仅连接着入村的道路，同时也连接各个巷道。主街一侧是河沟，河沟的存在使主街显得较为宽敞。次街由两侧建筑外墙或矮墙围合，界面连续统一，简单明快，颜色朴素，次街西段为石块铺地，东段延伸至山体则为土路。小巷弯曲有致，垂直等高线分布，连接处在不同高度的院落。两侧主要为居住建筑，生活气息浓厚。

（3）公共空间

村落入口处的拱桥是村民心目中最重要的桥梁，由石块发券而成，坡度相对平缓，距村头古槐树很近，是村民乘凉消暑的好去处，拱桥一带成为村中重要的公共活动空间之一。另外，苇子水村原来有10余盘磨盘和碾子。这些碾子往往也是村民重要的公共交流空间。

苇子水村街景

4. 民俗之美

2007年苇子水村的秧歌戏被列入北京市级非物质文化遗产名录。它起源于明代嘉庆年间前后，迄今至少有400年的历史，是由秧歌与其他歌舞、戏曲等艺术形式结合而成的。秧歌戏内容丰富，行当齐全，以隋唐戏为主，兼有民间生活的故事戏，是门头沟山区较为古老的民间戏曲剧种。

苇子水村秧歌戏的唱腔在山乡戏曲中独具特色，演唱与伴奏形式和川剧非常相似，如戏中一角色领唱，后台就有群唱，形成一领众和的形式；戏的伴奏没有弦乐器，只用武场的锣、鼓、镲伴奏，与川剧的高腔如出一辙，这种腔调又叫"弋阳腔"，当地称之为"秧歌戏"，但实际上与通常意义上的秧歌没有关系。

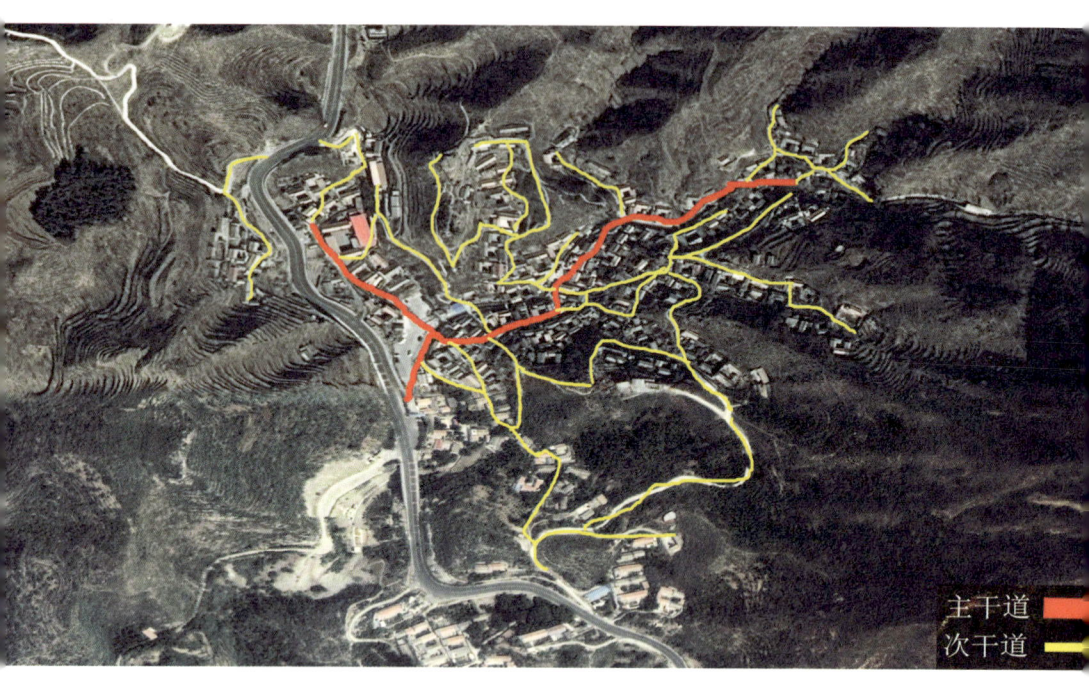

苇子水村村落肌理图

（七）踏驼队马帮蹄印，品古道遗风遗韵——东石古岩村

东石古岩村在明代已经成村，明《宛署杂记》中记载："石窟山，在县西九十里。山临浑河（即永定河），壁立千仞，一径上通，仅可容足，俯视河水，最为险阻。有一石窟，名般若堂。"又曰："县之正西……又五里曰马哥庄……又五里曰石骨崖，又八里曰王平村。"可见当时记载有石骨崖村，后依谐音改称为"石古岩"。又有一说，东石古岩村因位于石佛岭（又名石窟山）东，且与西石古岩村相对而得名。

古商道繁华依旧，风情古韵今犹在

当时因石窟山山势险峻，悬崖绝壁，小路陡峭难行，在此修行的高僧明安禅师遂率弟子四处化缘，募集资金修路。上至朝廷锦衣卫、司礼监太监，下至地方官百姓，无不响应。明万历六年（1578年），历尽艰难险阻，道路终于完工。为了表彰这段修路善行，在石窟山的一面崖壁上镌刻了连体的四碑，记录修路的过程和做出贡献的民众。其中有一块碑刻上刻有三世佛，后人根据古道路边摩崖石碑留下的石刻佛像和碑文把这段古道称为"石佛岭"，碑像完整，字迹清晰可辨。

东石古岩村是古西山大道上的一个重要节点，古道穿村而过，道边设有接待过往商旅的古道驿站、客店、鞍子房、杂货店，不仅可以招待过往商旅驼队的吃住，而且还供应过往商贾车马所需要的所有商品。

石佛岭地形特殊，一边是悬崖绝壁，一边是幽深的河道。据当地老人介绍，冬季古道尤为艰险，永定河河谷在这里形成风口，不仅格外寒冷，大风甚至能将人和马刮下悬崖，当地曾流传着一句歌谣："天下十三省，冷不过石佛岭。"石灰岩山体上开凿出来的古道上一个个深凹进去的蹄窝，不禁令人想起岑参的"山回路转不见君，雪上空留马行处"的诗句。随着高速公路的普及，布满蹄窝的古道就显得尤为珍贵，细细聆听，它们似乎在诉说着同一故事。2005年村里修建了"石佛岭古道"大型浮雕墙，再现了当年驼队从东石古岩村过石佛岭古道的艰辛。石佛岭古道地形险要，保存较好，蹄窝较多，是京西古道中现存的景点以及遗迹最集中的一条古道，是非常具有观赏性的人文景观。

1. 村落起源

东石古岩村坐落在燕山脚下，是群山环抱的一个小村庄。整个村庄修建在西山坡上，依照着山坡的走向，铲去高处，垫起低洼，建起房屋。最早在这里定居的是张姓祖先，据说是张华、张荣兄弟二人，繁衍至今已

东石古岩村的石佛岭古道

历十几代人。张姓兄弟二人在此定居以后，其中一人积极进行土地营造，每天垦荒垒墙，把居住地周围的山坡、山沟都开垦出来修成梯田，栽上白梨、柿子、核桃等果树。另一人则利用穿村而过的古大道优势，为每天通行的骆驼、骡马、客商提供饮食住宿的服务，形成了古道上有名的"张家店"。西边来的马队、骆驼，大多来自河北、山西、内蒙古等地。他们从怀来沙城到斋堂，翻山走千军台、大华、王平口，路过本村往东去。从城里来的客商，出阜成门，过田村到三家店，过永定河，翻丑儿岭、牛角岭，经韭园来此村，再往西去。如此东去西来，寒来暑往，客商马队络绎不绝，为村落经商提供了机会。

2. 村落选址

东石古岩村位于燕山脚下，是西山大道经过的重要村落，古道穿村

古商道繁华依旧，风情古韵今犹在

而过，为村落提供了相当便利的交通条件。村落建立在地形复杂的山坡区域，一面是石佛岭的悬崖峭壁，一面是永定河的幽深河谷，村落在山地上修筑院宅和梯田，充分利用了天然的自然地理条件。东石古岩村与西石古岩村相对，东石古岩村主体分布在西山坡上，成群的商队、驼队和马帮从此处经过，使其成为西山大道中的一座重要村落。

3. 空间布局

东石古岩村因地形地势缘故，村落整体分布在悬崖峭壁和幽深河谷之间的山地缓坡上，村落整体西高东低，背风朝阳，呈不规则矩形状分布。村内河沟自西向东穿越村落，将其分为南北两部分。石佛岭古道从村落西南部永定河边穿村而过，宅院主要沿古道分布在东侧区域。村落内部有两条道路，与古道形成围合状村落形态，村庄建筑主要分布在其内部。村落古道西侧为农业种植区，村民根据地形将山地开垦成一级一级的梯田，形成了合理的空间布局形态。

4. 营造之美

东石古岩村整体布局于山坡上，村落宅院依地形地势而建。村口有一个涵洞，被称为"大洞"，主要作为村民进出的通道，涵洞之外修有影壁墙，上镌刻有石古崖村小记。石佛岭古道穿村而过，作为村落的主街，现已铺成了水泥路，不过局部依然留有古道的原貌。古道两侧主要是明清风格的三合院和四合院，大多数是青砖灰瓦的老房老院，曾是古道两侧的店铺和客栈，根据院落分布的地理位置分为南院、北院、上店和下店。穿越古村的石佛岭古道风貌犹存，两旁的悬崖峭壁凸显了古道的惊险，悬崖上还修有摩崖碑、人工垒砌的石墙、劈山开凿的石门以及骡队踩踏出的蹄窝，印证了东石古岩村厚重的历史底蕴。

（八）明清古村有三绝，古宅石碾古中幡——水峪村

水峪村位于房山区南窖乡，是典型的深山自然村落，现在还保留着比较完整的明清时期的建筑群。

老舍在其民国时代的散文《想北平》中说："面向着积水潭，背后是城墙，坐在石上看水中的小蝌蚪或苇叶上的嫩蜻蜓，我可以快乐地坐一天，心中完全安适，无所求也无可怕，像小儿安睡在摇篮里。"[1]当然，时代变迁带来的是人物两非。什刹海地区的旧时王府，或衰败，或切割，或转换，或新变，新人新居新物开始在这里涌现……只是这些房舍为后人所住，或献给国家，或后来为他人占用，湮没在茫茫一片的胡同杂院之中……比起老北京四九城上空的风起云涌，西山小小的古村落，尤其是位于深山之中的水峪村就显得悠然许多了。它不是首都的经济命脉，也不是陪都的战略要地，只是地图上看似"无关紧要"的一点。正是这看似"无关紧要"的一点，给予生长在这片土地上的人们男耕女织、自给自足、相对安逸的生活。

水峪村成村于明代，村落呈圆形，因村东有泉，故名"水峪"。20世纪70年代在村南建有水库，库容10万立方米，四季有水，可垂钓可灌溉，经引水渠4500米通入村内；村内有古井3眼，水源充沛，水峪之称名不虚传。村内现存明清四合院100多座，房屋600多间，呈八卦形分布，其中最为著名的是建于清乾隆年间的四进四出杨家大院。水峪村最独具特色的是这128盘古石碾，载入了吉尼斯世界纪录，水峪村成为"石碾收藏世界之最"，其中，最古老的石碾是从道光年间保留下来的。京西古道贯穿全村，

---

[1] 老舍著：《想北平》，鹭江出版社，2017年，第2页。

古商道繁华依旧，风情古韵今犹在

水峪村

有山有水，空气清新。2011年，水峪村被评为第六批中国历史文化名村，2012年，被评为第一批中国传统村落。

　　江河流动，总会予人岁月变迁的神秘感，"江畔何人初见月，江月何年初照人"是诗人望见江月引起的哲思，"人生长恨，水长东"是将命运比作自然浓厚的悲情。水峪村，有山有水、有井有渠，既有人间烟火的气息，又有离俗的沉静和禅意般的吸引。高山上盘踞着的时卷时舒的云雾，在天空中引起瞬息万变的阴晴变化，与大地上自在流淌的水相映成趣。远观水峪村，有时间流动、物态变化的美感。

水峪村历史悠久，享有"文化古村"的美誉，舞幡会、腰鼓会、大鼓会等民间文化形式到今天仍有生命力。该村以保留下来的古中幡闻名，水峪中幡被批准为北京市非物质文化遗产，在2008年北京奥运会上向世界展示表演。

1. 村落起源

水峪有人类生活的历史可以追溯到元末明初。元朝末年，百姓为躲避战乱翻越大房山来到水峪安家，成为南窖地区最早的土著居民。大规模的村落形成是在明洪武年间、永乐年间的几次山西大移民后，移民中有山西村民也有元代遗军。村庄的发展初期是明朝到清初。水峪村的先民们开荒造田，修坟建墓，繁衍子孙。《康熙志》是最早记载了"水峪"村建制的文字记录。[1]

2. 村落选址

水峪村是山地传统村落选址和布局智慧的集中体现。南窖地区处于大房山山脉围合的一处低海拔区"窖"形盆地，是山区中少有的适宜居住的富饶之地，其中南窖的水峪沟，成为村落的首选之地。这一片有水的沟谷不仅保障了村民生产生活需求，也使得水峪村至今保持着良好的生态环境和景观。[2]

---

[1] 王崇烈著：《房山区水峪村：系统挖掘历史文化价值的古村落保护发展样本》，《北京规划建设》，2014年第03期，第65—70页

[2] 欧阳文著：《京西山地传统村落保护与发展策略——以水峪村为例》，载《持续发展 理性规划——2017中国城市规划年会论文集（09城市文化遗产保护）》，2017年，第11页

主干道
次干道

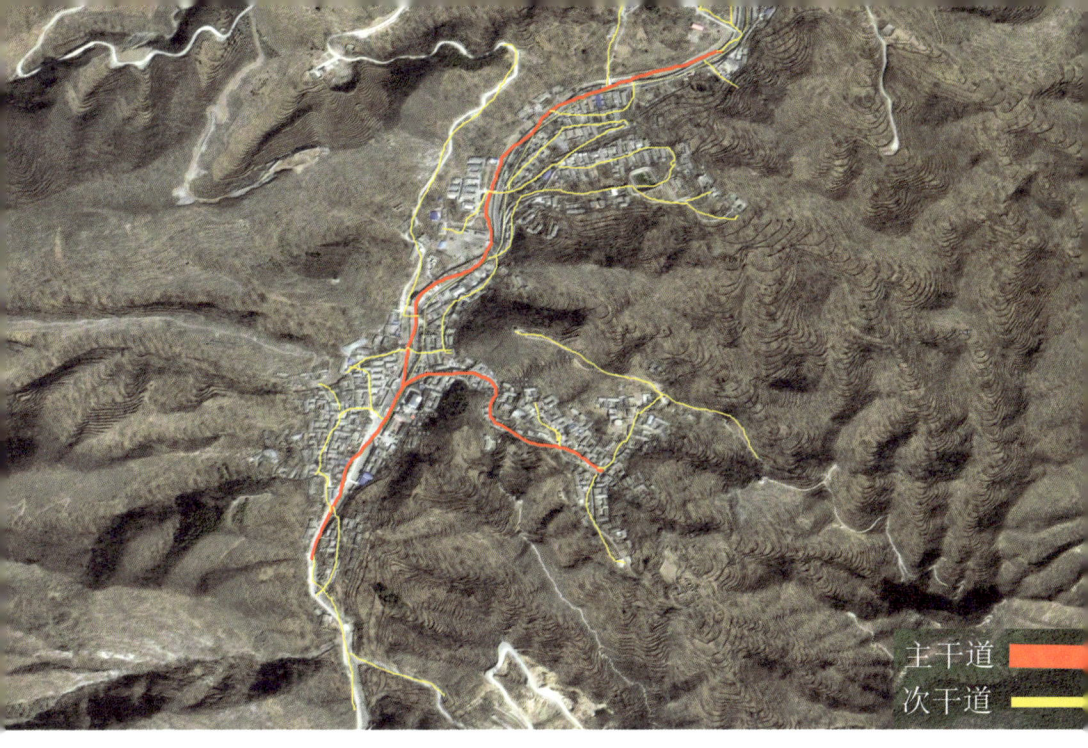

水峪村村落肌理图

3. 空间布局

（1）整体布局

水峪村为深山区村落，全村沿一条西北—东南向的沟岩分布，地势为西南高东北低，平均海拔500~800米。水峪村依山而建，由山岭和沟谷划分东西两边，分别为水峪东村、水峪西村。水峪西村地势平缓，村落格局受地形制约较小，分布相对规整。但水峪西村在抗日战争时期被日军纵火焚烧，较多古建已失原貌，只有基本格局尚存。水峪东村地势坡度较大，西南低，东北高。一条水沟贯穿整个村，汇入中街的河道中。沿这条水沟，形成了一条"S"形古道，也成了一条主街。传统民居沿主街两侧排布。街南坡度极大，因而少有建筑选择建造于此；街北高差相对较小，建筑依山布置。

（2）街巷结构

水峪西村由一条南北向的道路贯通，俗称中街，与其并行的是一条河

水峪村俯瞰图

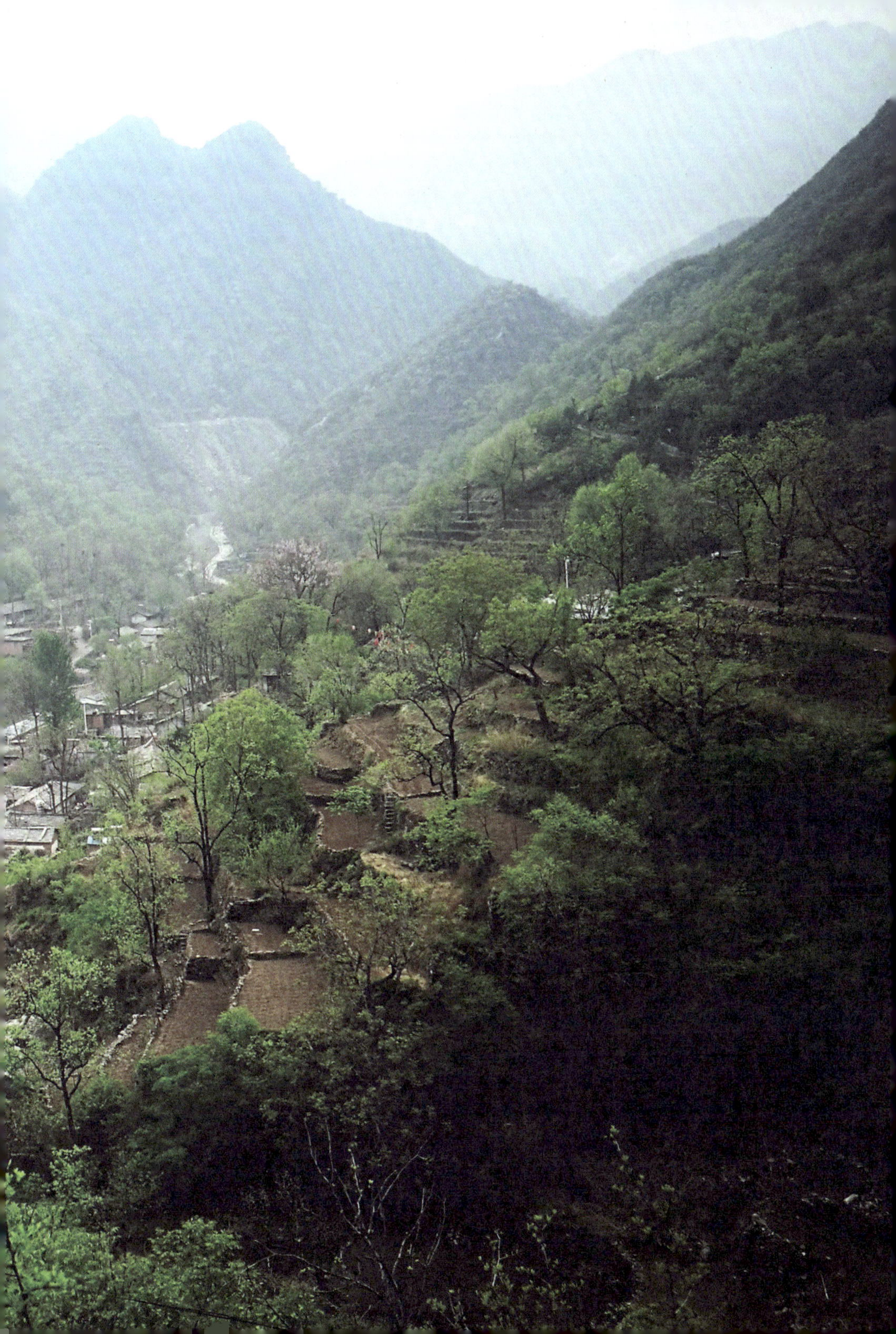

水峪娘娘庙

道。中街作为水峪与外界进行交通联系的主要道路，宽约9米，平时用来停靠出售蔬菜及水果的小货车。由中街向东西方向各延伸出两条道路，分别为东街、西街。西街宽度3～4米、东街随山势高低向东北以及东南分支出两条道路，道路由宽至窄，宽度2.2～4.5米不等。

（3）公共空间

水峪村有许多石碾，这些石碾除了有使谷物等破碎或去皮的实际功能，往往也是当地村民茶余饭后的聚集点。

4. 营造之美

（1）院落形制

水峪村地处山谷，民居顺应山形和水势而建，因地制宜，朝向较为自由，并无严格坐北朝南限制，院落入口基本沿街。民居有一合院、二合院、三合院及四合院，其中三合院与四合院居多。其中杨家大院为水峪村中少见的四进院落，平面长宽比接近2∶1，这种院落形制与晋中传统民居的狭长平面十分吻合，一定程度上印证了水峪村由山西移民在此定居发展而来的说法。

（2）建筑特色

由于山地高低不平，水峪村民居建屋之前需先找平地，利用石块垒平洼地，形成一块较为完整的平地，再建造房屋。由于承重方式不同，石材承重的墙体开窗面积很小，通风采光较差。

水峪村传统民居的墙体构造也颇有特色。据当地老工匠介绍，石墙垒好后，将割断的洋草和泥和在一起，填充石块间缝隙，最后利用煤炭掺和白泥抹灰，不仅耐脏且能保护墙体。洋草是水峪村内生长的特色植物，高1米余，割断后和进泥里，能够增强填充材料的拉应力，防止墙体爆裂，提升耐久性。由于年代久远，风雨侵蚀，水峪村中许多墙体被破坏，内部构造暴露出来。

水峪村传统民居最具特色之处是其石板屋顶，即以打磨平整的大片石板盖顶，造型古朴。虽为石作，但整体很薄，不显得厚重。为了增强石板屋顶的稳定性，防止因为石材自重大而整块下滑，屋顶的坡度较小。传统木构一般由下到上依次是托、檩、椽、屋面，而水峪村的屋面较为特殊，椽上加铺一层苞，再用石灰和土打泥填缝，最后铺上石板。这一特殊构造层起到了石板与屋顶结构之间黏合剂的作用。普通人家屋脊仅有筒瓦盖于两坡交接处，内部填充灰泥。大户人家屋脊两端起翘，且在屋脊上雕以花草图案或勾勒简单线条。其中，杨家大院的屋顶在建造中，为了模仿传统木构架盖瓦屋顶效果，在瓦片内灌进泥浆，间隔排布在原本石板铺就的屋面上。

古村古韵

水峪村街景

水峪村一隅

（九）今老街店铺林立，犹记当年村繁华——南窑村

南窑村位于北京市房山区南窑乡，是南窑乡8个自然村中最大的一个。因地处山沟，形如窑而得村名。2016年，南窑村正式入选第四批中国传统村落名录。

依山傍沟的南窑村自然环境优美，盛产板栗、核桃，林木茂盛。村里保留着原汁原味的古迹、古树、老街，记录着老村的历史。普查目录在册的有清康熙年间的古戏楼、仁义局旧址、重修仁义局碑、过街楼、北极玄帝庙、重修庙记碑、龙王庙7项，其实不止这些，其老街、宅院、古树、古碾等都很有韵味。

1. 村落起源

相传这里于明代成村，元末明初战乱连连。一些难民为躲避战乱，翻越大房山，到此开荒造田，植树种柏，修坟建庙，繁衍子孙。再加上清光绪年间大房山麓煤炭资源的发现和开采，煤炭的财富效应吸引大批居民来此定居谋生，使得南窑老街店铺林立、商队来来往往。南窑村店铺众多且五行八作门类齐全，虽然这些店铺早已歇业改成了民居，但繁华富庶的历史仍流传于江湖。遥想古商道繁荣时期，每到黄昏时刻过往客商云集，投店打尖、伙计叫卖拉客、村落街巷人喊马嘶伴着酒馆里的猜拳行令，也许还看着戏；次日鸡鸣五鼓出发，沿着附近水峪村至今仍保存的古商道把货物运往重镇良乡，好一幅山村商贾图！

2. 民俗之美

南窑村的非物质文化遗产非常丰富，多以走街串巷的民间街头表演、音乐会等形式呈现。

清朝中后期，随着南窑地区煤炭资源的逐步开发和利用，南窑村在房山红极一时。作为唯一的山区乡村，成为房山四大名村之一，与琉璃河、交道、窦店齐名，人口激增，富甲一方。此时，大规模的祈雨组织"南六山会"产生并逐渐兴盛。南窖地区的富贾窑主花重金买下黑龙潭边的"椿树王"，将其雕成七尊龙神（西安的白龙、南窖上庄的火龙、北安黄龙、南窖的黑龙、青龙、雨龙、水峪骑龙），作为祈雨的神物。每逢祈雨，南窖花会抬着龙神，由南窖村起步，经安子到北窖，再到佛子庄、黑龙关，长驱30里，一路鼓声。每过一村，都要驻足耍上一番，直到距南窖28里的祈雨地黑龙关黑龙庙，开始进行传统的祭龙仪式——祈龙降雨。

南六山会是集祈雨、祈福、庆祝等功能于一身的百姓娱乐组织，通常由村里富户出资组织，由组织内的群众布施为辅助，将社区内百姓组织起来，进行求雨、庆祝活动。南窖村的灯笼会、狮子会、银音会、炮会、礼佛会，水峪村的中幡会、大鼓会，北安村的叉会，西安村的钞子会，大西沟的把式会等民间花会组织，逐渐整合到南六山会组织中来，成为南窖地区百姓喜闻乐见的群众性民间文化组织。

灯笼庙会是南窖最大的民间花会之一，灯笼会由会首、知事、信徒组成，前者通常由村中有威望的长者担任，信徒则是一般老百姓。灯笼会的规模很大，遍及整个南窖地区，尤其南窖村信徒最多。每到正月，灯笼会的会首、知事们游走乡间，收敛布施和接受富户的捐献。然后派人去房山集市上买香烛、灯油、彩纸等物，组织村内百姓清扫街道，村里人称之为"刷灯碗、扎灯靶、摆灯阵、扫街道"。

银音会是南窖地区形成最早、历史最悠久的民间花会组织，由于使用贵重的银锣而得名。相传银音会最早可追溯到明代，今天仍在使用的大镲上依稀可以辨别"大明宣德五年"的字样，据此可推算银音会的历史至少有580年了。现在的南窖村银音会，重组于20世纪70年代末至80年代初，现有秧歌队2个,成员80人,有舞蹈队1个,成员40人,有民乐演出队1个,成员20人。如今,银音会重新编排了几十首流行歌曲,经过不断演练,已经初具规模。每逢民间重大事件和重大节日,银音会便出会庆贺,可谓"承古人之创造,开时代之生面"。

西口文缘

古村古韵

第二章 铁堡雄关巍然立,拱卫京畿千军行

古村古韵

一

古军道与古村落

"沙场烽火连胡月,海畔云山拥蓟城。"[1]北京历朝历代都被作为军事防御重点。秦汉至隋唐时期,蓟城作为北方军事重镇的地位日益突出和重要。例如,军庄一带早在春秋战国时就有军队驻守,燕国开始在境内东部修建长城,筑城戍边。元明朝建都北京后,京西更担负起保卫京城的重要职责,西山成为中原农耕民族与北方草原游牧民族的天然分界。北京西部凭借西山天然险要地势抵御北方游牧民族袭扰,但西山山梁间仍有沟谷和隘口,而永定河谷作为其天然通道,虽山高坡陡,还有山路可通行。为了加强北京西部军事防御、抵抗西北方向进犯之人,京西建了多条帮助拱卫京城的交通线路,如西奚古道、斋沿古道,并在交通险要或边境出入的地方设置守卫住所,即"关"和"口"。明朝统治者按照"大道为关,小道为口"和"斩山为城、断谷起障"的原则,在门头沟建造军事防御设施,驻兵戍守。[2]明代起较完善的京西军事防御体系使得周边村落迅速增多,并沿军事防御带状分布。

北京地区因驻军增多,需要大量的军饷,单靠向百姓征集粮食,会使国家负担过重。据《天府广记》中记载,明太祖曰:"养兵而不病于农者,莫若屯田。今海宇宁谧,边境无虞,若但使兵坐食于农,农必受弊,非长治久安之术。其令天下卫所督兵屯种,庶几兵农兼务,国用以纾。"明代多实行屯田制度,军屯指的就是卫所军士屯田。位于门头沟地区的边

---

[1] [唐]祖咏:《望蓟门》
[2] 安全山著:《重走京西古道》,《中华民居》,2013年第04期。

地卫所驻军，一般是三分守城，七分屯田。而明代还有"南兵北戍，眷属随访"的政策，以鼓励军士安心驻守。屯兵驻守的地方及周边一般都会形成军户村，或是军士及家属在周边已有村落定居。除了派遣京城现有军士，还会组织移民建立军屯。例如，明洪武四年（1371年），徐达练兵北平，为充军屯遣沙漠移民于北平辖区屯田，于宛平县设41屯。

明代的军事防御体系主要包括建设古城、关城、巡检司和关口。门头沟地区设有二古城——沿河城、斋堂城，四关城——大寒岭关城、王平口关城、牛角岭关城、峰口庵关城，三巡检司——王平口巡检司、青白口巡检司、齐家庄巡检司，二十二口——明昌镇（今门头沟地域范围内）下辖二口（房良口、白瀑口），乌龙潭口（今房山区黑龙关）下辖三口（王平口、泉水涧口、黑石崖口），沿河口下辖十七口。这些地方因驻军屯田，有很多军户及其后代定居，形成新的村落，如向阳口、洪水口、王龙口、梨园岭、爨底下等[1]；有的则融入原有村落，军民同村，如燕家台、沿河城、齐家庄、梁庄台、斋堂、杜家庄等。时至今日，古军道上依然留着许多带有军事历史背景的古村落。

古军道上的村落透过历史的烟尘，还向我们展示了它们数百年沉淀下来的民俗文化。这些村落中集体性的文艺活动尽管热闹非凡，满足了人们娱乐的需求，但却经常被冠以某种严肃的主题，配合一些庄重的仪式安排。通过与跨血缘关系的村民集体的庆祝仪式相结合，达到凝聚全体村民的作用。在这种宗族力量不强的地方，通过一种仪式性和集体性的活动把村民凝聚和调动起来就比较重要。除了具有凝聚村民的作用，这种集体的庆祝仪式还具有联结其他各村的作用，体现出村民有更为广泛的生存地域观念。

---

[1] 赵萬、达婷、全义振著：《基于历史游径视角的京西古道保护与发展研究》，《建筑与文化》，2016年第11期，第154—155页

古村古韵

二

古军道上的村落

（一）千年历史记忆，京西古幡会传承地——千军台村

千军台村位于门头沟区清水涧沟西端，隶属于门头沟区大台办事处，东与庄户村为邻，西邻大寒岭，至今已经有上千年的历史。因村落建于大山环抱的平台之上，史称"千人台"。后来因有军队安营扎寨，故更名"千军台"。明清时期，千军台村是京西古驿道上的戍边聚落，后来又转

千军台村

变为农业村落。

"誓扫匈奴不顾身，五千貂锦丧胡尘。可怜无定河边骨，犹是春闺梦里人。"[1]《三毛从军记》中有一句经典台词："军人当以国为家，军人当战死疆场，军人当无七情六欲，军人当无儿女情长，军人应该是一颗子弹，他的归宿就是枪膛，他就得时刻准备着击发。"最初生活在这里的本是军人，可当军人完成了自己的使命，又如同一片片落叶被风吹散，飘落在此，成了异乡人。想家的时候，看看天边的月亮，朝家乡的方向望望，高兴了，就唱两句家乡的小调，难受了，就喝两碗自家酿的酒，胸口热辣起来，才好睡觉，梦里有好时光。他们终究不再回家，千军台便成了他们的家。"人生无根蒂，飘如陌上尘"[2]，这世上有很多人，终其一生都身不由己，他们之中，有的是想要守护自己的幸福，有的是为了守护别人的幸福，可无论是哪一种，有所坚持的人总会幸福一点。

经过岁月剥蚀，千军台村至今仍留存了丰富多样的传统民居，保持了较为完整的传统风貌。2012年，千军台村被列入中国传统村落名录。

1. 村落起源

千军台村由山西移民屯垦戍边而来。《宛署杂记》载："……又五里曰窄石台，又五里曰板桥村、曰禅房、曰庄窝台，又五里曰千人台，又十里曰大汉岭……"明朝有一支千人的军队在此驻扎，所以得名"千军台"，当时是一个军屯，后来演化成村落。

千军台村地处河谷地带，煤炭资源比较丰富。早在清代，千军台村的煤炭产业就已经很兴盛了。清乾隆二十七年（1762年），工部大学士

---

[1] [唐]陈陶：《陇西行》
[2] [东晋]陶渊明：《杂诗·人生无根蒂》

史贻直巡查京西煤业后，在给皇帝的奏折中写道："宛平县属门头沟、天浮桥、峰口庵、王平口、千军台等处，旧有煤窑四百五十余座，现开一百一十七座。"[1]

清中叶开始，村内人口有了较大的增长。

1926年，晋奉两军在大寒岭、斋堂一带激战半月有余，奉系部分军队就驻扎在千军台一带。1937年正值抗日战争，村北发生了增援南口的髽鬏山战役，日军曾多次炮击、焚烧千军台村，连同"还乡团"偷袭板桥、千军台村等村几大事件，共烧毁房屋200余间，村内建筑毁坏殆尽，只剩下莫炳孝家一间南房的梁架。现有的住房大多是中华人民共和国成立后所建，建筑所用材料就地取材，采用传统营造技艺，延续了传统风貌。

2. 空间布局

千军台位于门头沟区清水涧西端，村落地处河谷地带，四周群山环绕，历来为兵家必争之地，村落南部有永定河的支流清水河流过。京西古道的主干线"西山大路"穿村而过。古道为村中与外界往来交流提供条件，明朝这里是重要的军事通道，到了清朝，这里成为斋堂地区连接怀来盆地的商旅要道。

村庄建筑密集，依山而建，由南向北逐渐抬升，分布在3个不同层次的平台上。中心高的村庄为主要街道，连接村庄东侧和村口南侧；较低的楼层位于主要街道南侧，与主要街道轮廓的长台阶相连，与山外楼梯上下部分的建筑相连处有一个平台，是村民们耕作的地方。

---

[1] 薛林平、吕濒冉、李加丽著：《北京门头沟区千军台传统村落研究》，《华中建筑》，2015年第06期，第181页。

千军台村村落肌理图

3. 营造之美

村落以三合院为主，也有少量的四合院，依山而建。四合院分为大四合院和小四合院，大四合院正房和倒座房均为5间，厢房为3间；小四合院正房和倒座房均为3间，厢房为2间。有些院落形制自由随意，为不规则的套院，呈"L"形。不规则的形状可以保证每户人家都有一个小庭院和一个私密幽静的环境。[1]

千军台的房屋大多是石板瓦片覆顶，青砖包角，山石垒墙。石片是这个古村落典型的整体外观特征，石砌墙壁、石板屋面、青石村巷……韵味十足。

4. 民俗之美

千军台村和毗邻的庄户村是京西古幡会的传承之地，京西古幡会始于明嘉靖年间，山村古庙会的产物，是一种以请神、祭神、送神为主要内容的民间村社祭祀活动，以行香走会为活动方式，通过艺人的表演，传扬人民祈福迎祥的民间习俗。每年元宵节期间在门头沟千军台村、庄户村举办

---

[1] 薛林平、吕瀚冉、李加丽著：《北京门头沟区千军台传统村落研究》，《华中建筑》，2015年第06期，第182—183页

古村古韵

传统幡会，两村的古幡会由圣会到花会，已有数百年历史，是一笔不可多得的文化遗产。

京西地区群山环绕，山水相依，山林茂密、煤炭资源丰富，小煤窑遍布山野，村民为保平安、祈求风调雨顺，就把"碧霞元君""窑神""马王神"等作为信仰和精神寄托，并做成幡旗，每年正月十五元宵节以走会的形式擎幡祷祝。这种充满地域特色的民俗活动，被命名为"古幡会"，又美其名曰"天人吉祥圣会"，又称"天仙会"。

据说有一年，皇上下令，全国各地的走会班子进京参赛，进行现场比试。攀杠子、秧歌队、武术会等一个接着一个，都未能博得皇上的欢心。忽听一阵"哐哐哐"，开山大锣震天响，皇上立马儿来了精神，他瞪大了眼，目不转睛地看着这支声势浩大的队伍。只见充满活力的壮士们，双手擎起五颜六色、一丈八尺来高、碗口粗的幡旗，上下飞舞，呼呼生风。"山川地库煤窑之神"幡、"青山水草马王元帅"幡、"东岳天齐仁圣大帝"幡、"山神土地财神三圣之神"幡……漫天舞动，蔚为壮观。再加上每幡间穿插的吹打班、音乐班、大鼓队、跑旱船、地秧歌、锅子会等，热闹非凡，气势恢宏，令皇上目不暇接，心花怒放，当即下圣旨，封其为"天下第一会"，并赐了一对铜锤和一副铁锏，年年走会。走会时，各有两位壮士分持铜锤、铁锏，一前一后护卫幡会，遇有无故闯会者先打后奏。千军台和庄户的老人们常说，当地幡会是宛平县"十三会"之一，受过皇封，即便遇到国孝，也不停演。

千军台、庄户幡会规模庞大，内容丰富，有旗幡21面，会档子有十几项，每年正月十四晚，两村举行请神表仪式。正月十五早8点挂幡旗，这一天庄户到千军台走会；正月十六千军台村到庄户村走会，形成了固定模式。根据明代典籍记载，从明初到明末的200多年间，幡旗之队列，乐曲之演奏最为繁盛。一是幡，二是乐，既有旌旗招展，又有乐曲相伴，可谓声情并茂，场面庄严肃穆，情景交融，盛况空前。过去走会路旁要生上几堆台儿火，沿街摆上香炉及供品，寓意一年红红火火，消灾辟邪。

京西古幡会至今已经传了17代人，曾有过两次中断。一次是日本侵华时，古幡被日军烧毁；另一次是"文革"时期，幡旗再遭劫难被损毁。但是古幡会以其厚重的历史和民众的推崇，于1982年被重新恢复，并传承至今。

古幡会是村民自娱自乐、酬神育人的一种形式，有着广泛的群众基础。古幡会实际也成了两村一年一度的聚会联谊活动，村民参与度极高，两村的男女老少齐出动，在外工作的游子们甚至会专门请假回来参加，附近的居民和闻讯前往的人们可聚集成500多人的队伍，幡会现场热火朝天。

古幡会包含多个环节，花会舞蹈穿插其中，数十个会档，描绘出一幅原汁原味的独特民俗画卷，体现了中国传统文化中社区联谊和谐的精神。气势壮观的幡会流程包括：

（1）请神、敬神仪式。千军台村于正月十四下午，从接神地点请大表至村中官学房，进行供表、焚香、宣表、号佛、演奏敬神曲目等活动。"号佛"是由两村推举出的德高望重的老人诵唱的赞颂神佛的大歌，其声腔玄奥苍凉，充满了神秘色彩。当"号佛"结束，鞭炮齐鸣，鼓乐喧天，走会的大幕正式拉开。与千军台村一样，庄户村也是在正月十四进行请神、敬神仪式。

（2）挂幡。正月十五早上，千军台村、庄户村分别举行开箱仪式，开始挂幡并将幡擎到起会地点。

（3）起会。正月十五下午，千军台村各会档按顺序由村西起会地点行进到村东口接会地点，千军台村作为主村准备迎接庄户村客村的幡会队伍。庄户村则同时起会，幡会各会档按顺序作为客村前往千军台村东口的接会地点。

（4）接会。正月十五下午，两村会首见面，互道虔诚，旗幡摆驾，焚香号佛，奏敬神曲目，各会档参驾。

（5）走会、送会。接会仪式结束后，鸣锣响炮，开始"拔会"。主客两村会首按顺序将两村幡会各会档穿插在一起，其他各会档展演后，则按原路返回至千军台村东口接会地点，主村送客村幡会队伍返回。

（6）敬神、送神。正月十六，千军台村幡会队伍作为客村回访庄户村，两村会首互道虔诚，以期明年再见。两村幡会返回各村后将幡旗靠好，各村的音乐班到供奉大表的神棚演奏敬神曲目。最后，伴随着《焚火赞》的乐曲声，在众会首的带领下，千军台村在供奉三官大帝和请神大表的官学房，庄户村在大庙，虔诚叩拜焚表送神。

古幡会中的幡，又称"子幡""大执事"，是走会活动中的"主

古幡会会场

角"。千军台村和庄户村传统古幡名目繁多，色彩纷呈，譬如龙王幡、太阳幡、送生幡、三官幡、天仙幡、地藏幡、三圣幡等，共18面幡、3面大旗（千军台的真武旗、老爷旗、灵官旗）。其中，千军台村现有大旗2面、幡9面，庄户村现有大旗1面、幡9面，这些旗幡色彩鲜艳，对比强烈，图案古朴典雅，给人以沉稳和谐、肃穆凝重之感。幡旗手个个身手不凡，虎虎生威。竿竿幡旗在半空中周旋，手托、肩扛、牙咬、头顶……表演过程中，叫好声不绝于耳。

在古幡盛会上，老艺人还演奏古老的古幡乐。因为古乐很难学，乐谱是难懂的工尺谱，乐调需要依靠老师口口相传才能学会，大量的乐曲已经散落和丢失，目前我们可以听见的古幡乐只是很小的一部分。千军台村演奏幡乐的叫"吉祥班"，其道具有唢呐、锣、板鼓、钹、铛、小镲等，其中唢呐、钹声调高亢，气魄宏大，故又称"吵子会"。过去，吉祥班一般由24人组成，现在由于会员工作繁忙，以及会演奏的人越来越少，演出人员也是随时变化。他们在幡会中演奏的曲子分为"行动曲"和"牌子曲"。"行动曲"又称"过街曲"，这套"过街曲"共11首，即《十梆鼓》《靼子哭》《花和尚》《道影歌》《出塞》《南楼》等。"牌子曲"坐吹，有近20首曲牌，包括《六鼓头》《点将》《棒槌台》《大尾捂一声》等，因为是口耳相传，后人记录传抄时用字多不统一。

整个幡旗队列中，有万紫千红的彩色幡旗，有沸腾热烈的音乐节奏，还有大秧歌舞队。大秧歌舞队一般由20人组成，扭唱中不时地变换队形，看上去欢快潇洒。地秧歌是幡会中的古老会档，类似于老北京的高跷会，其中的陀头不是武松而是鲁智深。地秧歌以文为主，陀头在前指挥全队，边走边演，在做定场表演时边唱边舞。其中，还有一些角色扭捏作态，互相戏耍，让人忍俊不禁。再往后还有跑旱船，如同在水上漂；小车会推车

古村古韵

老汉长髯飘洒，猫腰推车，惟妙惟肖；狮子表演中，有一对狮子凶狠泼辣，在铃声叮当中蹿蹦滚翻。庄户村的大鼓会由村中大汉和小娃娃组成，其道具由8面大鼓，24副花钹组成，其中8面鼓由8名壮汉挎在胸前，花钹由小娃娃们擎在手中。演奏中，小娃娃们一边翻跟头，手中的花钹一边随着鼓点声发出和谐的嚓嚓声，并在变换队形中表演对钹、串钹、蝎子爬、翻串跟头等动作，极为精彩。现在已没有人会翻跟头等动作了。

千军台、庄户两村盛行的民间古幡会充满了明清古代遗风，形成了京西独特的汉族民间风俗画卷。古乐吹奏出了古村落的欢乐祥和，古幡舞出了京西人民的热情与奔放。古幡会以其独特的魅力在传承中长盛不衰。

（二）蚩尤屯兵战黄帝，抗日前沿桑峪村——桑峪村

弹炮雨点般扫来，忽然一声惨叫，在我右下方十步左右卧倒的四班班长李阿水被炮弹击中，片刻工夫即牺牲。我抬头望天，见天空晴朗，云影徘徊，又驰目四面，四面全是青山。忽然，就在炮火声里我开始静静地想：这里也许就是我的葬身之地吧？有蓝天，有白云，有莽莽青山，死得其所啊。

——饶平如《平如美棠》

饶老先生年轻时参加过抗日战争，几次靠近鬼门关，又几度化险为夷，这段话就是他在多年以后回忆险情的时候记录下来的。饶老先生曾说："在遇到她以前我不怕死，不惧远行，也不曾忧虑悠长岁月，现在却从未如此真切地思虑起将来。"桑峪村曾经也是抗日前线，如饶老先生这

桑峪村俯瞰图

般的思虑，在此莽莽青山环抱之中应该不算特例。

桑峪村位于109国道北侧1.2千米处，距北京城75千米，隶属门头沟区斋堂镇。桑峪村是斋堂川较大的行政村落之一，有着悠久的历史和深厚的人类文明史，也是最古老的村庄之一，它传承着中华民族灿烂的古村落文化和民俗民风。桑峪村原名"三峪村"，村北北山大沟流域穿村而过，常年溪水不断向东流入清水河，西有西范沟、灵水沟流域，三条水域在村前交汇，故名"三峪村"。随着村内人口增多，农耕生产逐渐扩大。桑峪村先民们利用当地山川自然地理优势，除开辟良田沃土种植农作物、粮食作物、经济作物，还在山地梯田四周广种柞、桑，养蚕织布，巧妙利用农闲时间，调整经济结构，增加收入，久而久之便由"三峪村"谐音演变为"桑峪村"，并一直沿用至今。

1. 村落起源

早在11万年以前，桑峪村就有人类活动，1993年曾在此处发现11万年前的人类骨化石，是目前清水河流域发现得最早的古人类化石。

桑峪村在很早就有人居住，后逐渐发展成村庄。桑峪村四面环山，北面以山地梯田为主，东部地势平坦，南面有清水河流过。由于天然地貌形成的山地沟峪纵横、坡度陡长，万余年来各条沟峪洪水冲积原生古黄土层，淤积成下游东部地带的良田沃土千百亩，是古斋堂川东部的富庶之乡，为古桑峪村农耕狩猎、植桑种麻提供了得天独厚的优越条件。

桑峪村自古以来就是京城西出塞外大漠的必经之路，是天然的古战场、兵家必争之地，故有"咽喉锁钥"之称。抗战时期就曾发生过著名的"塔岭沟之战"。

2. 空间布局

桑峪村位于门头沟潭柘寺东部，定都峰脚下。村落保留了原有的一大

铁堡雄关巍然立，拱卫京畿千军行

桑峪村街景

一小的过街楼、京西唯一的天主教堂等历史建筑，以及众多具有传统风貌的胡同，还原和保留了桑峪村原本的空间格局。桑峪村分布在地势险要的山峡地带，地形复杂，村落呈簇状分布。村内建筑依托山峡地形，形成南部、北部两个建筑集聚区和中部簇状建筑带，地势总体由南至北递增。村内主街沿等高线呈弯曲状而建，与村内其他街道组成交通网络。同时周边村落还结合了村落附近长城防线的地势走向，各个防御村落之间连接成相互关联的防御网络。

3. 营造之美

（1）合院式民居的类型

因山形地势等环境因素所限和经济条件的影响，桑峪合院式民居的整体布置形式随山就势，因地制宜，形成了以一进院落的四合院和三合院为主的基本平面类型。

① 四合院

在桑峪村，四合院是主要的平面形式之一，它的等级最高，由四面房子围合而成。院落的正房一般为3间，正房南面两侧为东西厢房。正房对面是南房，也称倒座房。部分四合院设置耳房，成三正两耳的五间式。整体布局沿中轴对称，平面方正封闭。其主入口主要采用门楼的形式或利用厢房的一间作为入口。

② 三合院

传统合院中，三合院也是规整对称的住宅中最基本的形式之一，在桑峪，三合院一般由正房、东西厢房和院墙或其他院落的后墙围合而成，无倒座房。整体布局呈不严格的中轴对称，其入口多利用厢房或以独立门楼形式设置。桑峪民居塑造了以院落为中心和单元式的基本平面格局，即屋宇为阳（实），而院落为阴（虚）。这种阴阳相成、虚实相间的院落序列

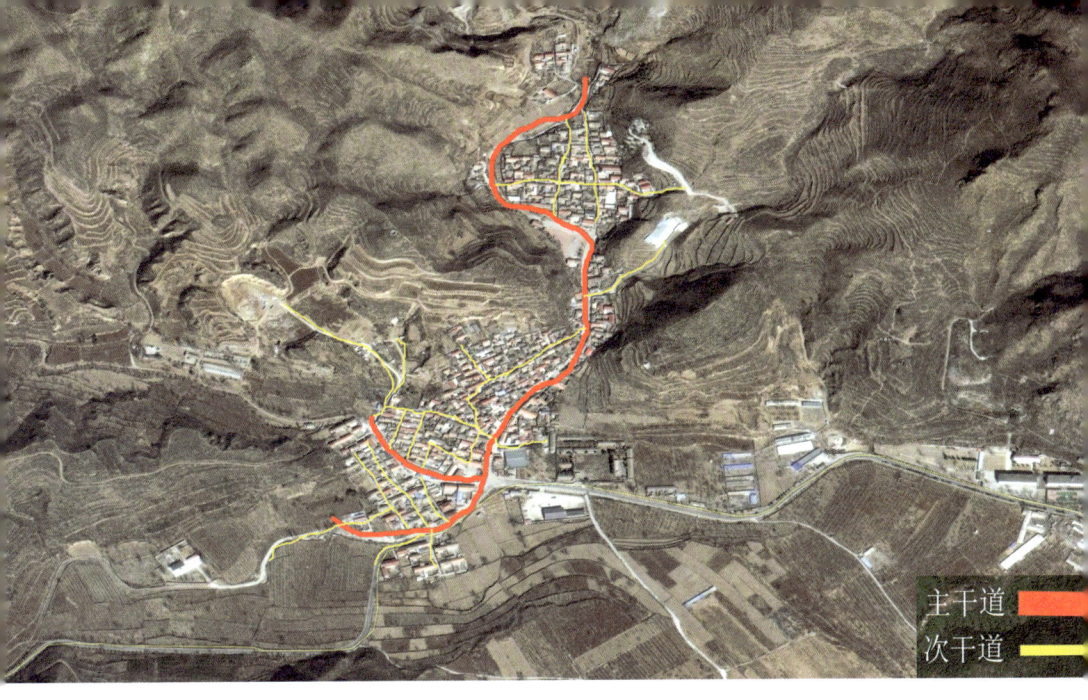

桑峪村村落肌理图

空间，在密集的居住状态下较好地协调了人与自然的关系，院落成为居住生活的中心，是人与天地、人与自然和谐共生的最佳场所，同时也提供了家内部的活动空间及家务劳动的场地。

　　受各种环境和社会因素的影响，桑峪村的合院式民居在空间处理上有着鲜明的特色。富有韵味的入口空间作为连接合院内外的过渡空间，它不仅具有交通使用功能，还起到遮挡作用。入口往往设在东南角，但也有因地势原因而设在西北角或东北角的。《水龙经》云，"直来直去损人丁"，即在古建筑设计中忌讳直来直去，因此临古驿道和村内巷道的院落的入口空间为避免这种冲煞，常采取偏移、遮挡手法加以处理。

（2）合院民居的入口空间

　　桑峪村合院民居的入口空间包括门外空间与门内空间两部分，主要由门楼及门内影壁等设施围合而成。

① 门楼空间

　　在合院民居中，门楼是整个合院中最引人注目的建筑之一。桑峪村门楼

古村古韵

桑峪村民居

为如意门，屋顶为硬山顶，脊为清水，门设在外檐柱间，门框两侧使用"磨砖对缝"的施工技术墙，门外上部绘有图案，门上装饰有簪，门外与墙体内侧之间有精致的水磨砖墙花纹。门前有雕刻细腻的门墩石，精巧别致。

② 内影壁

桑峪村院落大门内的影壁是院落入口空间中的又一重要设施，古代称影壁为"萧墙"，其作用是挡住外人的视线，给人以神秘感，同时也起到障景的作用。影壁是为避免冲煞而设置的。由于地形的原因，这种影壁的设置方向随入口门楼的方向而定，实际上它是门楼的对景。一般影壁均设在门楼所对的厢房山墙上。桑峪村的影壁均为清水脊，上有雕花，壁心有的用石灰刷出方形壁心，并用青灰加框；有的则处理成浮雕形式，简洁朴素。

桑峪村的合院式民居因受地形地势的制约，虽小巧玲珑，但却因此而形成了自己的鲜明特色，即独具匠心的空间处理与合理巧妙的空间利用。为更好地发挥民居院落的功能，当地居民充分发挥自己的聪明才智，在有限的宅基地上，巧妙借助空间和地形高差，使其空间得到了充分利用，最大限度地满足各种生产与生活的需要。例如，在院落内设置储藏空间，或利用厢房后墙和围墙之间的空间种植自己喜爱的花木等。对合院院落空间进行充分利用的同时，对建筑单体内部空间也进行了同样的考虑，例如，在屋内边的地面上设有烧火口，以作暖炕和烧水用等，既节省空间，又为生产生活提供了便利条件。

桑峪村原有12条胡同，2个过街楼和1个村西边的"官大门"，如今官大门已不复存在，12条古老的胡同大多已失去了往日的风貌。但一大一小的两个过街楼和保存较好的几条村巷仍能展现当年桑峪村的村落建构的格局，诉说昔日的辉煌。桑峪村的明清四合院大都已不存在，很多地方被拆得七零八落。最规整的四合院是朱家大院，南北房共5间，石头山墙、古瓦盖顶，显得很有气势。村北一条古道，白石板铺得密密匝匝，依地势蜿蜒伸展，很容易把人拉进百年前这里马蹄嗒嗒的想象中。

（3）其他主要建筑

① 广慧寺

桑峪村历史文化悠久，村北有广慧寺古刹与望都峰。广慧寺建于明永乐十五年（1417年）。相传汉朝初年，张良故人刘氏高官为找人居环境宝地以清修而建，取名"广弘慧力"，其佛语是大智大慧、消除烦恼之意，后改为广慧寺。据说广慧寺的历史比附近的潭柘寺还要久远，有"先有广慧寺，后有潭柘寺"之说。广慧寺现存山门、院墙、影壁墙、正殿和西配殿，而两棵直径近1米的古银杏树则是寺内的宝贝。望都峰雄伟壮观，最巧合也最难得的是峰顶与首都西长安街延长线直对，毫无偏差，登高远望俯瞰，北京城尽收眼底。由此也称定都峰，寓意是首都的"定海神针"。想鸟瞰长安街的车水马龙吗？天气晴朗时，站在村境内的定都峰上，能把长安街上的繁华尽收眼底。在质朴的古村中远观热闹的长安街，倒也算是一种极具反差的体验吧。随着历史的变迁，桑峪村大部分古建筑已成残垣断壁，但部分古老民居建筑依然得以保存下来，以清代建筑居多。村落中古老的四合院、三合院随处可见，精雕细刻的门楼、影壁更是让人目不暇接。砖雕、石雕、木雕的雕刻之精美，艺术之精湛，令人叹为观止。

② 后桑峪天主教堂

桑峪古村之所以闻名，除了文化积淀深厚和自然景观独特，主要是因为村里有一座古老而神秘的天主教堂——后桑峪天主教堂。这座始建于元代、历经700多年历史的天主教堂，是北京最古老的教堂之一。今天，高大雄伟的主体建筑耶稣圣心堂、美丽的露德圣母山，仍吸引着人们来此观光。

铁堡雄关巍然立，拱卫京畿千军行

定都阁

　　传说，元代就有法国传教士来到大都的西部山区，边行医边传播天主教，当时是用一家民房作为祈祷场所。到了元元统二年（1334年），全村50多户农民（共100多人）全都成为教友，传教取得了一定的成效。于是，后桑峪村就建起了一座由两间房屋组成的小教堂。

　　据《门头沟区志》记载，明嘉靖十年（1531年），小教堂被拆除，并盖起5间长16.6米、宽10米的大教堂，其建筑形式是中国传统的寺庙风格。大门上原有一块匾，上书"万有真原"（此匾在抗日战争中被毁）。那时全村共有60多户居民，共200多名教友，兴建的大教堂正好可容纳200多人。

　　清康熙年间，后桑峪天主教堂规模扩大，教友增多，涉及斋堂几十个村庄，远至河北省涿鹿、怀来、涞水等县。教堂建筑以欧洲哥特式为

主，内部结构精致。1939年被日军烧村时焚毁，1988年4月重建，并于1993年同时复建圣母山。现在的后桑峪天主教堂的主要殿堂分为3部分：后桑峪天主教堂、尚智书院和露德圣母山。其中，后桑峪天主教堂堂院占地面积948平方米，尚智书院占地面积429平方米，露德圣母山绿化地6093平方米。桑峪村内的天主教堂是北京地区所存最古老的教堂。教堂外用青砖包砌，内衬以石墙，高7米余，南墙辟有哥特式建筑风格的尖拱落地大窗，堂顶有白色尖塔。教堂内东部为祭台，西部为音乐楼，顶部为穹隆顶。不得不说这座天主教堂在桑峪村的大环境里显得有些突兀，但也颇为肃穆。远远望去，高耸的白色塔尖在雄伟的大山烘托之下感人而壮观，依山势修筑的一条曲曲折折的道路，通向半山腰的圣母山，形成了一种独特的气势。

4. 民俗之美

桑峪村人由于勤于劳作，一年四季忙碌，所以早上必须吃干粮；农田因离村远，村民要带午饭、水；晚上回来很晚，要吃稀饭，勤俭节约。大户人家或者商户尽量买地置办房屋家业、供子弟念书识字、争先仕途。此外，桑峪村还有多种传统工艺、广为流传的传说故事等独具地方特色的民俗文化。

（1）传统工艺

明清、民国以来，桑峪村多商贸行、店铺、作坊，共有数十处，享有盛名的店铺如东灵堂药坊、西灵堂药坊、万恒永商行、永兴泰杂货店、骡马店、旅店、中和堂骨科专店、打席铺、豆腐坊等。

桑峪村历史上五行八作各类工匠齐全，如张氏几乎近50%为铁匠，自清顺治年间开始，一直世传，艺术精湛，誉满京西、河北省周边地区。此外木匠、铜匠、石匠、泥瓦匠、焊匠、毛毛匠（熟皮子）、裱糊匠、鞍子匠一应俱全。民国年间，后桑峪又增添了生铁匠（翻砂）。杨文茂是翻砂主导，他会制模具、火候掌握准确，一些民用铁锅、炉口、犁铧等物在斋堂川享有盛名。后桑峪杨文生精于烧造、自行制模，曾自创砖瓦窑烧制砖、瓦、狮子、狗、瓦头曾像（瓦当）、各种盆罐、砂锅，生意红火、技术精湛，可惜他自身保守、艺不传人，致使传统流失。

前桑峪村盛产芦苇，曾发展到上百亩，从而涌现一代又一代的织席匠。几乎斋堂川所有农户都来桑峪村买家用炕席、囤条、寿席，收入可观，村民们称之为"铁杆庄稼"、摇钱树。桑峪村人善于荆编，如背篓、篮子、晾晒粮食的荆芭等，除了自给自足，还能大量销售。随着社会的进步，粪篓子、牲口驮子、背篓、铺炕席逐渐退出人们的生产生活，民间传统的草编、荆编、手工制作、生铁匠及焊、银、铜、席匠技艺等也几乎失传。

许多到过北京的游客，特别是外国友人，除了逛故宫、爬长城，或许还会去一个地方，那就是北京城西的桑峪古村。

（2）传说故事

相传，清朝末年，慈禧太后下令义和团清除洋教，当时后桑峪的所有人均信仰天主教，教堂里还有个菲律宾的神父，老神父很着急，一夜白了头发。后桑峪青壮年男子都上了寨墙堵住寨门，而老人、妇女和儿童都进了教堂，在洋神父的带领下跪拜祈祷，一连三天三夜，大家都抱定了必死的决心。然而第四天清晨即义和团计划踏平教堂的那天，义和团突然撤退。之后关于义和团在第三天夜里看到村子后山上有一个白衣女子率领无数白盔、白甲、骑白马的武士护住了村子的故事便在村子里传开了。后桑峪人为了纪念这一事件，便在教堂后面的山上修了圣母像，圣母山和圣母显灵的故事从此就流传了下来。

古村古韵

1937年7月7日，抗日战争全面爆发。全国人民都加入到抗日战争中，后桑峪的人民也不例外。他们利用天主教堂做掩护，传递情报，转送文件，天主教堂和圣母山很好地掩护了抗日人员。但是由于遭到汉奸出卖，日本人最终还是发现了这个秘密地点，于是烧毁了教堂和圣母山。

（三）铁堡雄关沿河城，驻军屯兵卫京畿——沿河城村

在北京城西，门头沟区西北崇山峻岭的大峡谷中，有一座明万历六年（1578年）创建的沿河城村，因城临永定河，故称沿河城，是塞外通往北京的要冲之一。沿河城村为门头沟区斋堂镇辖村，城关城周长约1182.3米，其中一面呈直线，另外三面依山而建，城墙用条石和鹅卵石砌就。"名编壮士籍，不得中顾私，捐躯赴国难，视死忽如归。"[1]昔日，沿河城作为一个军事重镇，设有衙门、校场、营房、过营岗、火药楼、大板仓等军事设施，文物古迹众多，如城墙、城门、敌台、戏台、寺庙、修城碑、守备府碑等。每当寒冬来临，大雪纷飞，好像在天上酣战的白龙抖落的鳞甲，北风凛冽，近乎无情地撕扯过往行人的脸皮，生长在这样环境里的人，必须接受来自严寒的考验，唯有迎上前去。因而他们的骨子里似乎缺少西装革履式的体面，也缺少华丽包装下惴惴不安的脆弱，更多的是坚韧矫然，仿佛总有用不完的力量，周遭滴血的红霞、遒劲的山峦、积雪的松柏，无不展现着这样刚毅的性格。如果有机缘，巧遇大山里的一株红梅，它会是你在三九严冬最难忘的温柔。

---

[1] [三国魏]曹植：《白马篇》。

铁堡雄关巍然立，拱卫京畿千军行

沿河城西门

　　沿河城村现存西城门一座，名"永胜门"，城门为砖石结构。沿河城依山傍水，风光秀丽，素有"沿河城八景"之说，即天堑飞虹、镇洪绿洲、杏林春晓、灵岩古刹、向阳垂瀑、瑶台登碧、边城永胜、敌台烽烟。城北不远处即为风光旖旎的永定河。"汉武雄图载史篇，长城万里遍烽烟。何如一曲琵琶好，鸣镝无声五十年。"[1]2018年是中国人民抗日战争暨世界反法西斯战争胜利73周年，尽管走过如此漫长的岁月，"长城万里遍烽烟"的情形仍然令中国难以忘记，反观历史，我们会发现发动战争的非理性、战争对于人类的戕害、对于社会建设和文化进步的阻碍，都是不可估量的。战争是残酷

[1] 翦伯赞：《题昭君墓》（其一）。

的，若非不得已，没有人愿意参与其中。血流漂杵总不如王昭君的一曲琵琶好，不如和平好。铸剑为犁，化作春泥更护花，守护风光无限的永定河，守护山水那畔的人家，这是沿河城村最好的结局。

沿河城文化遗产数量众多，特色突出，呈现单一中心、分散分布的格局，以明代军事遗产居主导地位。沿河城和长城组成的完整体系保存较好，是北京地区唯一保存完好的内长城防御体系；同时，城内寺观庙宇富集，崇奉神祇多样，在同类型军事要塞中非常少见。该区域是研究明代军事、民俗、民族关系不可或缺的模式区域之一。从其保护级别和保护梯次来看，沿河城属于国家级文化遗产资源。1984年，沿河城与敌台被北京市评为市级文物保护单位。1987年，长城及其附属设施被列入世界文化遗产名录。2006年，沿河城再被国务院公布为全国重点文物保护单位。

1. 村落起源

据《门头沟地名志》记载，沿河城地区自新石器时代已有人居住。明万历六年（1578年），河南仪封人副都御使张卤议修沿河城城堡，"数月告成事"，东西南北门俱有（东门曰万安，西门曰永胜，南北门为水门），东西长500米，城周1182.3米的山间城堡矗立于绿水青山之间，虎踞龙盘，乃古堡要塞之翘楚，碑记有云："周视关城，未有沿河口之壮者也。"而且修城之后，附近山民陆续搬到城中居住，渐成五业兴旺人烟辐辏的山间小城。此后"再无赤羽之警"，士民"平昔不复忧盗，即一旦有缓急，急入城堡凭坚城而守，据河上流为天堑，而壮士挽弓赴敌，人人自坚无忌，西扼虏，东辅诸君国，燕台易水之间可高枕无忧矣"，可见修建铁堡坚城作用之大、气势之壮。[1]

---

[1] 北京门头沟村落文化志编纂会编：《北京门头沟村落文化志（二）》，北京燕山出版社，2008年，第731页

沿河城村街巷肌理图

2. 空间布局

门头沟地处北京郊区且地形险要，在历史上是兵家必争之地，所以在门头沟区有一些因为防御等原因而建造起来的村落，沿河城便是如此。沿河城所处的地理位置及其历史原因决定村落营建的主要因素是防御。村内地势起伏不是很大，一圈防御性城墙将村落围合起来，院落在城墙内组织，其院落布局基本上没有受到地形的限制，这里主要的影响因素为村中一条东西向的主街。主街将村落一分为二，院落多沿主街两侧布置，大门多开向主街。门的位置和朝向已经无关紧要。在这里，主街就是象征，主街的文化就是整个村落的文化，是村落院落布局的决定性因素。

沿河城院落多并联在一起，东西向的主街像一条绳索一样将院落串联起来。村落中保存较为完整的以及重要的院落也多沿着主街布置。相比主街整齐的院落而言，其他街巷的院落布置自由得多，路径也较为曲折。

根据调查和文献的记载，沿河城共有文化遗产92项，而沿河城村域面积108平方千米，几乎每平方千米就有一处文化遗产，说明此地是文化遗产富集的区域。其中，物质遗产85项，占92%；非物质文化遗产7项，占8%，物质遗产占绝对优势。聚落内军事遗产7项，聚落外军事遗产47项，两者总计54项，占遗产总数的59%，这与沿河城作为军事要塞的功能和地位是相吻合的。明清时期，沿河城作为军事重镇，是拱卫京师的要塞之一。据文献记载，沿河城有寺观庙宇15处之多，所祀有佛、真武、关帝、火神、龙王、马王等，多为行伍军人的守护神，可惜这些庙宇今多不存。

沿河城文化遗产呈现断层状分布，除5处新石器时代古人类及汉代人类活动遗迹，2处近代陵墓遗产，其余78处物质文化遗产均为明清时期的文化遗产。其中清代文化遗产仅有聚落内民用建筑9处，其余均为明代文化遗产，约占物质文化遗产总数的81%。在全部69项明代物质文化遗产中，军事遗产有52项，占75%，凸显出以军事文化遗产为主的特色。沿河城防御体系最早建于明景泰二年（1451年），沿河口、石港口、东小龙门口、天津关口、东龙门口、天桥关口等建于同一时期。景泰二年（1451年）至隆庆二年（1568年）完成17处关口建设。隆庆五年（1571年）至万历二年（1574年），渐次完成长城城墙、敌台、烽火台建设。至万历六年（1578年）建沿河城，完备的防御体系最终形成。沿河城是京西地区明代军事文化遗产富集的区域，其遗产价值需要深度挖掘。从空间分布来看，全部85项物质文化遗产中，聚落内遗产21项，占25%，聚落外遗产64项，占75%；呈现单一中心、分散分布的状态。这与沿河城防御体系的建设梯次有关，城外关口、敌台（楼）、长城建设早于城内设施建设，对沿河城文化遗产的保护和开发利用应从沿河城防御体系整体上着眼。[1]

3. 营造之美

沿河城村是明代重要的驻兵城堡，明万历年间建城，沿河城四面环山，

---

[1] 苗润莲、冯广平、晋虞玲著：《试论北京沿河城文化遗产资源》，《科学通报》，2013年第58卷，第221—222页

沿字5号台

永定河从北流过，平面呈长方形，格局完整，城墙、西城门、古戏台、民居以及主街道保存完好，对于了解和熟悉明代当地风土民俗有很高的价值。城西有古敌台和山道，扼守沿河城村主要通道，敌台依山脊而建，呈"井"字形，分上下两层，上层有观察作用，下层可向下射箭迎敌。

步入前街，一处雕梁画栋的大门楼映入眼帘，五级青石台阶，墙体磨砖对缝，清水脊，戗檐饰以砖雕，虎头瓦当，墙脚有石饰雕花，大门前有一对精美的门墩石。在村中，三五成群的老人聚集在老槐树下谈天说地，偶尔可看见身材姣好、容貌俏丽的村姑在蜿蜒的小巷中穿梭行走，孩子们在无忧无虑地玩耍。古老的村落焕发着盎然生机。几百年来，经历了春夏秋冬的演绎，村落特有的风情散发在飘逝的沧桑岁月里。在沿河城外西北方向不远处的山口两侧各有一座雄伟的敌台，编号为沿字4号台和沿字5号台。沿山谷行进，峡谷内一侧半山腰处还有一座敌台，保存完好，编号为沿字3号台。这

些敌台高低错落地分布在山峰之中，大有"一夫当关万夫莫开"之势。

（四）万马千军此路去，军户古村尚犹存——柏峪村

柏峪村位于门头沟西北部斋堂镇，东南距爨底下村4千米，西北距黄草梁7.5千米，北至河北省怀来县麻黄峪，南通燕家台、斋堂，有公路连接109国道，附近无村落，为斋堂镇最偏远的山村。柏峪村面积约20万平方米，村民151户，412人。村北有明内长城，绵延数里，其间有敌楼7座，当地俗称"七座楼"。村北2.5千米处有元代关塞要冲天津关遗址。峪扁（甜杏仁）为当地特产，远近闻名。

明代修筑长城，随军家属在此定居，逐渐繁衍成村。因当地柏、榆树繁茂而称柏榆村，后以谐音改为柏峪村。20世纪80年代有一部电影《古今大战秦俑情》，讲述了秦朝的一位将军引咎自愿被制成兵马俑，但因为他吃了长生药，所以几千年后被发掘出来还是活体。他来到地面上，看见很多人赶着去修长城，将军就很纳闷，长城怎么3000年了还没修完？修长城从古至今都是一件大事，柏峪村的祖先也是为了修长城才在此地落脚的。在这项浩大的工程建设中艰苦的生活最容易使人感受到生命脆弱、人生短促、命运无常，这种艰难的生存状态，造就了柏峪村人的性格特点，具体体现为及时行乐，也因此促进了当地娱乐休闲文化的传承发展。柏峪村保存有梆子戏、蹦蹦戏、燕歌戏3种古老的地方戏，其中燕歌戏是柏峪村最主要的地方戏剧种，在北京地区仅在该村还有保留，被称为"民间戏剧的活化石"。

1. 村落起源

柏峪村是典型的军户村，村北1千米处设有"天津关"，又名"天井

铁堡雄关巍然立，拱卫京畿千军行

柏峪村全景

关"。历代王朝在此设关建隘，派兵驻守，旧可通行，今皆囚石垒壁。

柏峪村曾有杨、牛、张、马姓四大户，由于地盘之争，牛家将张家、杨家、马家全部吞并，后改为"牛家村"。牛家因为有占山为王的反叛之心，就在天津关招兵买马，集草屯粮，抢劫商道过往财物。经明朝宰相刘伯温夜观天象识破，奏明朝廷，发兵在牛家村对面墩台架上土炮，一夜之间，将牛家轰平，牛家后人逃至河北省矾山一带，今仍有后裔。明朝末期，又有谭、刘、陈、王姓四大户到柏峪村居住，谭家在井坡子，刘家在挠坡，陈家在大单台，王家在湖根，分片居住。当时村上也有韩家、陈家居住，以王家为主的几大姓，均属守口军户，并附有家属同垦开荒，后统

为一村。据《宛署杂记》记载，由于长城内外10里之内不能有植物生长，累年派兵烧山，好端端的一沟柏树、榆树被烧毁，只留下书中记载的柏峪（柏榆）村之名。[1]

2. 空间布局

柏峪村位于门头沟西南部，周边山峰众多，村落稀少，为斋堂镇最为偏僻的区域。柏峪村分布于河谷地带，地势宽广，村落呈矩形分布。柏峪村院落组合受地形影响，呈现出明显的带状分布。村落沿地势形成主街，两侧地势较为平缓，整体上西侧低东侧高，为村内建筑主要分布区域。中部的街道形成错综复杂的道路网，组成村落的主要交通要道。主要院落建筑沿一条主街两侧布置，平面表现为较规则的带状。合院与合院之间组合为户，户与户之间形成一定规模的村落院落。柏峪村院落布局受多种因素的影响，整体形态多种。

3. 营造之美

柏峪村的合院民居以四合院、二合院为主，沿山势高低分台而建，层层叠叠，鳞次栉比。村中保留下来的老宅深院已不多见，有限的几处老宅门楼、影壁、石级得以完好保留，石雕、砖雕、木雕雕工精湛，造型精美。听村里老人讲，柏峪村曾是连通京城到河北、内蒙古的古道，旧时常有商旅、马帮往来于此。村里大户人家在村中建了许多考究的大四合院。村中老街仍保持着砖雕石刻的古韵旧景。柏峪村里的房屋基本还保存着明清时期的建筑风格，为小四合院，木质的街门，雕花刻字的墙腿石、门墩石，彩绘的影壁，明显遗留着历史的烙印，显现出别具一格的古朴和

---

[1] 谭喆著：《门头沟地区乡土景观研究初探》，北京林业大学，2014

主干道
次干道

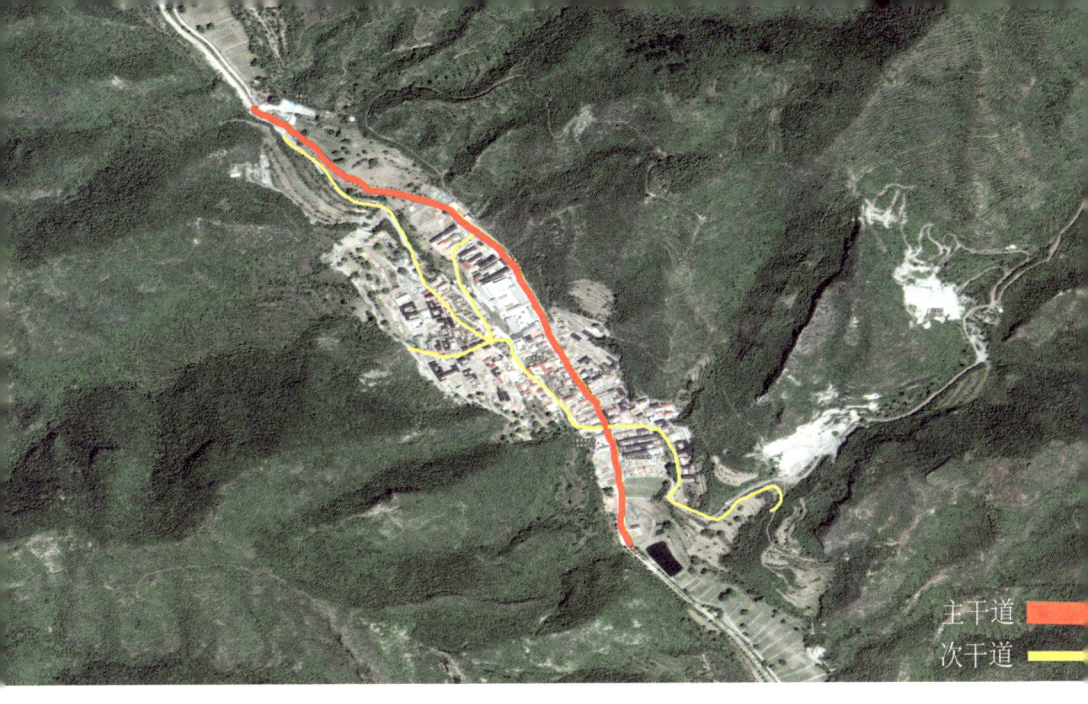

柏峪村街巷肌理图

沧桑。[1]村里的房屋依山而建，错落有致，院墙、房屋、道路大多是用石头搭建而成的，沿着这条山石铺就的台阶上到半山腰，可以俯瞰到山下的村庄屋顶，参差不齐，错落有致。

4. 民俗之美

柏峪村有独特的燕歌戏、山梆子、蹦蹦戏以及民间小调，共有剧目50多个，小调若干。柏峪燕歌戏乃是一独特剧种，据传有400多年历史。民国年间，老艺人们曾到北京戏院唱过戏。前些年，由于老艺人老龄化严重，加之人员外流严重，燕歌戏几乎面临灭绝。2004年党支部不惜人力财力，决心拯救燕歌戏，到年底已整理剧目15个，排练剧目4个，可与观众见面，并在门头沟区委组织部的大力支持下，举办了"柏峪社员剧团"成立挂牌仪式。2005年3月，柏峪村正式注册了以燕歌戏为主的"柏峪社员剧团"。2005年底，柏峪燕歌戏被列入北京市级非物质文化遗产名录。该剧种号称

---

[1] 吴建民著：《京西传统村落空间重构研究》，北京建筑大学，2016年

南北九腔十八调，艺术行当涵盖生旦净末丑、诗曲媚俗白、说唱念做打、吹拉弹唱走，柏峪村也成了出名的"燕歌戏之乡"。[1]

柏峪燕歌戏是一种特色鲜明、独具魅力的民间小剧种，由于这个剧种保留有许多元代的戏剧元素，而被誉为"民间戏剧的活化石"，具有很高的研究价值。

柏峪燕歌戏时代久远，由于当地口音之故，也俗称"秧歌""燕乐"。该戏是随守关将士传入村中，经长期演化同当地语音、民歌、小调相融合而成的。柏峪村燕歌戏以文戏为主，武戏不多。燕歌戏始见于《周礼·春宫》，指天子与诸侯宴饮宾客使用的汉族民间俗乐。《元史》载："元代有宫县登歌，分文、武，舞于太庙。称'燕乐'，民称'燕歌'，雅俗兼备。"

据了解，在清代、民国时，经常应邀外出"卖台"，曾到过天桥、矾山、怀来、涿鹿、蔚县和周边村落演出。据《清史》记载，乾隆帝庆祝六十大寿时还听过燕歌戏。作为一种汉族民间艺术，柏峪燕歌戏题材丰富，无事不记，无事不唱。大到皇帝老子，小到平民小偷，死鬼赃官。从小草到太阳，从狼虎到天神，戏词深奥，雅俗兼备；粗得掉渣，直击咽喉；俗得无奈，直可骂娘；玄得离谱，耐人咂叹；怎长末短，典故无穷。在戏词中，有诗人的名句，有百姓心里话，也有俚语番情、之乎者也，可谓南北九腔十八调，颇具雅俗共赏的综合性。

关于燕歌戏的起源，老艺人们都一直认定该剧是从其他剧种演变过来的，唱腔和剧本都是祖上传下来的，并非是当地人创造的。后经笔者走访调查，先后取得了一些关于燕歌戏历史的材料，从这些材料的内容来看，

[1] 贾秀俊著：《漫谈柏峪戏剧文化》，《中国戏剧》，2008年第11期，第50—52页

铁堡雄关巍然立,拱卫京畿千军行

柏峪村石碑

该剧种产生年代久远,是由其他地域流传至柏峪村,并生根发芽,逐渐发展成熟。其中,按照老艺人王永权所讲,燕歌戏已有多年的历史了,是明代他们的祖辈从河南调来镇守天津关时带来的;村中也有老人说,燕歌戏是当地守关军户代代相传下来的。

  上文曾说到柏峪地区在元、明时期就是兵家必争的重要关口,在当地还修筑了许多古代敌台。历史上著名的关隘"天津关"就设在柏峪村向南几千米处,另据《宛平县志》记载,"天津关直到清末尚有少量军人把守",明清时期的官兵历代长期驻守在此,因此,柏峪村村民的祖先则多为明代初期"从河南迁居"到此守关的军户。民间也由此相传,燕歌戏有可能是守关将士和军户村民为了自娱自乐而发展起来的,并且世代流传下来。在柏峪村中,老辈的村民几乎人人都会唱戏,甚至是外村的村民,也都来村里看过燕歌戏，还可以唱上几句。各村之间除了观众群体有交集以外，各村的戏班也经常穿插演出，在"文化大革命"以前，村里一直保留着从正月初一到初五，村里的艺人们一连唱上五天五夜的习俗。戏中的演员、角色、剧目可以轮换表演，力求达到"歇人不歇场"的演出效果。通常唱到大年初六，剧团便开始到别的村唱戏，同时村里也会邀请一些外村的剧团来演出，剧种多为山梆子和河北梆子戏。据当地的民俗学家介绍，斋堂地区的梆子戏应该是从山西传过来的，而一些秧歌戏应该是由河南戍边的移民带来的。

燕歌戏的曲调与其他剧种有所不同，它的唱腔苍凉古朴、风格独特；曲调既高亢嘹亮又绵转低回；独唱、对唱、帮腔等特色唱腔的综合运用与丰富的锣鼓和丝弦伴奏，形成了比较别致的表现形式，戏中的唱词结合着普腔、哭腔、托腔、起腔、高腔、快腔、尾腔等主要唱法，再根据剧情的发展、人物的性格特征，灵活表现唱腔，表现戏文内容，形成词与音调的结合与搭配。新老艺人对唱腔的运用越熟练、越自如，那么他所具有的音乐表现力就越强。此外，燕歌戏的唱腔由真嗓和假嗓共同构成，在传统的男艺人中，多以假嗓表现女性角色，而真嗓表现男性角色，后来有了女艺人的加入，女性角色的唱腔也多以真嗓来演唱了。在一段唱腔里，几乎"有真音就必有假嗓"来进行配合，形成高低起伏的效果。

在燕歌戏的剧目中，根据表现内容和表演形式的不同，可以将剧目划分为文戏和武戏两类；而在同一部作品中，根据每场戏的不同内容，又可将其分为文场戏和武场戏。在民间文戏也被俗称为"温戏"，武戏俗称为"闹戏"，一"温"一"闹"也可以用来反映燕歌戏文武场的两种音乐风格。文场戏的伴奏乐器以民族管弦乐为主，其中有：四弦、二胡、笛子、唢呐等。由于种种原因，燕歌戏当中的武场戏很少，铜器多为开场和管弦

伴奏，所用乐器为板鼓、锣、堂鼓、钹、镲、挎板等，与高腔音乐中的伴奏乐器相似。

距今已有400多年的柏峪燕歌戏，正是当地村民的祖先在继承了前人的戏曲文化后，经过学习和创新逐渐发展起来的地方剧种。该剧种在当地之所以能够延续不断地传承下来，除了与其独特的地理位置和文化背景有关，还与村民在劳作之余，热爱燕歌戏，热爱将唱戏作为娱乐活动的传统生活方式有着密不可分的关系。

村里不但自古以来就培养了唱戏的传统，而且村中不管大人小孩，都是燕歌戏的乐迷，村里人人都能唱上几句。燕歌戏已经深深地植根于人民的心里，是民俗文化的重要组成部分。它深刻地反映了劳动人民的思想、感情

燕歌戏之乡

和生活，展现了人民祈求平安、吉祥的心愿，以及乐观向上的精神风貌。

同时，它还作为当地群众自娱自乐的一种重要方式满足了劳动人民文化生活的需要。由于燕歌戏具有乡土气息浓厚、内容寓意深刻、语言风趣幽默、唱腔激昂动听等特点，在形式上集酬神、礼法、育人、娱乐和民俗于一体，劳动人民能够在戏中看到他们自己的忧愁、悲苦和欢乐，因此深受当地群众喜爱。除此之外，燕歌戏在促进精神文明建设、进行自我教育，以及促进社会和谐等方面有着非常重要的作用。

（五）清浊两水汇合，军事隘口之地——青白口村

青白口村位于雁翅镇政府西侧，永定河西山（官厅山峡）中段，清水河汇入永定河河口处，距109国道68千米，距镇政府1千米。海拔高度320米，村落三面环水（清水河、永定河），一面临山。现有人口总户户数287户、604人，其中农户206户，劳动力298人。青白口村主导产业为林果业，2003年被授予"北京市农业标准化示范基地"的称号。

全村现有耕地550亩，其中富士苹果350亩，年产苹果70多万千克。大扁杏150亩，年产3万千克。桃树10亩，小枣30亩，核桃树2000余棵，此外村子还盛产柿子、李子等多种干鲜果品。饮用水为机井水，灌溉用水为井水和河水。由于管理得法，果树不使用农药、化肥，没有任何污染，所产果品已达到无公害标准，这不禁令人想起《西游记》中的花果山，孙悟空初降世时，"食草木，饮涧泉，采山花，觅树果"，小猴子们日常"采仙桃，摘异果，刨山药，劚黄精"，花果山果品丰盛，开宴就是"胡桃银杏可传茶，椰子葡萄能做酒"，自然天成，与世无争。

青白口村文化遗址众多，其中，寺庙有府君庙（保存尚好）、大寺庙（遗址）、龙王庙（遗址）、五道庙（2个，已无）、山神庙（遗址）；古建筑为永定河边的桥板房，石砌，券洞式，保存尚好；古民居有长号（南街25号乙）、龙顺兴（中心街26号院）、一元春药铺（现为区级文物保护单位）；古树有国槐3棵，其中1棵位于新北街2号院内，其余2棵在村中心街，均为国家一级古树。

"可惜流年，忧愁风雨，树犹如此！倩何人唤取，红巾翠袖，揾英雄泪？"[1]靖康之变10多年后，辛弃疾生在金国人统治下的山东，他拥有和汉朝大将军霍去病相似的名字，期望用自己一生戎马换取宋朝收复中原故土，但耗尽一生也没能如愿。所以他说，"可惜流年，忧愁风雨，树犹如此！"这里有一个典故，东晋权臣桓温北征时，经过金城，看见自己过去种的柳树已长到几围粗，便感叹地说："木犹如此，人何以堪？"作为清浊两水交汇的军事隘口之地，青白口村里的3棵古树应是比南宋朝廷更懂辛弃疾的。

1. 村落起源

青白口村建于明朝早期，所处地理位置是地质年代青白口纪和上元古界地层青白系的命名地。1869—1871年，德国地质学家李希霍芬考察北京西山地层，提出震旦系（纪）地层的概念。1982年，全国地层委员会召开晚前寒武纪地层分类命名会议，决定将北方的震旦系地层予以三分，其中属上元古界的地层被命名为青白口系。青白口地层分布广泛，平均厚度499.8米，下分为下马岭、长龙山、井儿峪3组地层。

2. 民俗之美

当地花会活动于每年正月十五举行，过去花会期间，当地会邀请河北

---

[1] [宋]辛弃疾：《水龙吟·登建康赏心亭》

梆子剧团前来演出，现已没有。

打船是青白口村一项传统的手艺，其中，以魏国强的技艺最为精湛。别人打的船只打转不前行，而魏国强打的船行走自如。

3. 红色文化

青白口村是英雄村、抗战村、光荣村。中华人民共和国成立前，村里的青年学生就追随革命真理，树立共产主义理想。1932年，青白口村建立宛平第一个党支部，1933年，建立革命武装。青白口村也是沟通上海、天津、北京、河北阜平、陕西延安的红色通道的重要组成部分，大批革命干部、先进工人、农民、学生经此通道奔赴抗日前线和延安根据地。

1940年，青白口村共有100多户人家，党员就达到53人。1932—1947年，有革命烈士27人、革命军人和干部60人、残疾军人5人。抗战活动深入到家家户户，除了党团组织，还成立了农救会、模范队、妇救会、青抗先、儿童团。青壮年们参军参战，妇女、老人、儿童积极参加支前活动。送公粮、做军鞋、抬担架、站岗放哨等。在开辟平西、冀东、北平的革命根据地过程中，青白口村教育、培养了大批革命干部，广泛发动群众，输出大量人力、物力，推动了根据地的发展，为革命的胜利做出了巨大的贡献。青白口地处革命老区，村里由私人建起青白口村革命斗争史展览馆，以彰显和缅怀革命先烈。展馆图文并茂地展示了抗日战争期间村民与敌寇英勇斗争的英勇事迹。

（六）敌台钳制古道咽喉，阻敌侵入斋堂川——洪水口村

洪水口村隶属于清水镇，距109国道107千米，位于至灵山路5千米的大地沟与灵山沟交会处。无霜期150天左右，夏季平均温度在22摄氏度左

铁堡雄关巍然立，拱卫京畿千军行

洪水口村

右。村域面积24平方千米,其中林地3.9万亩(包括国有林1.2万亩),耕地176亩(包括退耕还林135亩)。全村常住人口81户,239人,其中,劳动力122人,全村育龄妇女68人。村域内水源充足,有泉眼8处,自来水入户率100%。村旁有储量为50万立方米的塘坝一座,有矿泉水井一眼。灵山主峰坐落在洪水口村域内,洪水口村是北京的西部门户。在交通不发达的历史时期,通往灵山的路只有洪水口村的大地沟,人称"灵山古道"。大地沟有一条长年不断的小河,被称为"玉河之源"。大地沟内植被茂盛、动物繁多,被文人墨客颂为"聚灵峡"。在这些渗透着禅意的事物当中,"你都可以感受到那个明丽生动的主线,就像播下万壑水声的无声冰雪"。

大地沟属太行山余脉,太行山则是有名的"百里赤壁,万丈红绫"——山崖横向绵延不绝。洪水口村东侧的东宅顶,与黄草梁的"十里坪"景观类同。村子西面是悬崖峭壁,顶上则是缓坡平台。站在宅顶,可纵观斋堂川绵延不绝的山谷河川,有"会当凌绝顶,一览众山小"[1]的气概,亦可饱览京西风光,感受"上帝视角"。

雨季到来时,山顶时常弥漫着雾气,冲淡天际的轮廓,山与天浑然一体,走进云中去,单薄的野花还沾着露水,我见犹怜,耐寒的松柏常带着雨意,挥洒自如,青山带斜阳,宛若澄江浮玉,堪叹造化有奇功。

1. 村落起源

洪水口村具体成村时间不详。有专家介绍道:"凭大地沟的礁白推断,夏商时期似已有人在这里居住。"有据可查的历史证明,在没有建筑长城以前,这里就有尼姑庵。修建长城并没有迫使村子搬迁或解散,相反,村庄扩大了。当地老人们说,原来这村有郭、魏、李、于四大姓,现

---

[1] [唐]杜甫:《望岳》。

铁堡雄关巍然立，拱卫京畿千军行

洪水口村山乡风情街

在还称郭家台、李家坡、魏家坟和于家坟等老地名。现在郭、李、魏三姓已无人家，只有于家人丁兴旺，是洪水口村的老户。

如今，杨姓是村里大姓，约占全村户数的60%。据已故老人杨水满、杨润普介绍，杨氏祖上原在东京汴梁做官，后获罪，被发配到北京戍边，于是携带家眷来到西山双塘涧村落户。

关于杨家在双塘涧村落户有两种说法，一种说法是，洪水口的郭家无儿，招杨氏青年入赘，郭家人去世后，入赘郭家的杨家人没有搬回双塘涧，而是借郭家遗留的产业，顶立起杨家门户，在洪水口延续、生存下来。另一种说法是，修长城时，杨家有人是伺候当兵的，或是伺候修城壮工的，基本都是靠军队发饷生活，杨氏家族因此就全都从双塘涧搬来洪水口居住，后世的杨家小伙子，也都在洪水口娶妻成家，繁衍开来了。这两个说法都有可信度，现在双塘涧大台上还有杨家老坟。杨家供奉的祖先是杨银然。现在杨家万字辈以下居多，同是一个宗族，分支于五服之外的已经有三四家了。

2. 营造之美

敌台和长城洪水口位于灵山脚下，是西北方向出京，通往塞外的咽喉要道，是历史上兵家必争之地。自明景泰元年（1450年）开始，到万历四年（1576年）历时一个多世纪，在门头沟区境内从东到西修筑敌台17座，长城绵延100多千米。洪水口归属天津关（黄草梁下，柏峪村东北1千米处）沿河营管辖，洪水口敌台排号为沿字12、13、14号。现保存完好的有沿字12号和沿字13号两座敌台。沿字14号敌台位于河西半山梁上，中华人民共和国成立后，尤其是在"文革"中被毁坏严重，拆下的城砖用来垒墙盖房了。现仅剩遗址。这里有两道正城墙：一道是沿字12号敌台至13号敌台之间的城墙；一道是沿字13号敌台至14号敌台之间的城墙。在13号至14号之间通往灵山的道上有过门一座，水门两个。水门一个是13号至14号之间的灵山河沟，一个是大地沟口。洪水口3座敌台都是空心敌台，里面设计巧妙，有发射弓弩、火枪用的射击孔，有存放火药、石头的座台，还有士兵休息的地方。上下3层有通道相连。敌台常年有士兵把守。村里的上片叫上营，驻守的是常备军；下片叫下营，驻守的是预备军。南大堰又叫南营，是校军、练兵的地方。民国时期还看见教军场上竖着好几门铁炮。在沿字14号台发掘出明长城砖窑遗址，窑口呈上大下小倒锥形，上部直径5米，深35米，另在村东也发现了明代烧造城砖的砖窑遗址2座。

3. 民俗之美

（1）唱大戏

唱大戏是洪水口村民俗活动之一。每逢过年，清水镇总要唱上几天的

洪水口村水库

大戏。如小龙门、齐家庄、张家庄、杜家庄、梨园岭、燕家台、上下清水等很多村都有自己的戏班子，洪水口村也不例外。这些戏班子都是村民自发组织起来的，他们排练、演出都是尽义务，图的是娱乐、活跃人气。村里为支持这种民间文化活动，出钱办了文武场（乐器）、行头（戏装）和前后幕帘。有村里的支持和百姓们捧场，他们演起戏来更带劲。

洪水口村的戏班子每年从初二唱到初五，正月十五还唱一场。洪水口的戏台在上营五道庙前现在的学校院内，演戏前栽桩子搭戏台，演完戏后再将戏台拆掉，观众就在五道庙前小广场观看。初二是出聘的闺女归宁日，由于戏场不大，加上归宁女儿、女婿、外甥们太多，每次都满场。

（2）求雨

求雨也是洪水口村重要的民俗活动之一。洪水口是北方游牧民族和中原农耕民族交错地带，是中原文化和游牧民族文化的交叉、融会地区。天旱无雨时，不仅影响农作物生长，同样也危及牧草的生长。因此，敬神求雨便成为北方游牧民族和中原农耕民族祈求风调雨顺的共识。

洪水口求雨有两个去处，一是龙王庙，二是东流水的龙潭。龙王庙内供奉龙王爷，庙外右侧吊挂一口大钟。求雨时必以畜禽祭龙，多以牛羊为供，一只即可，剥皮去杂，以胴体供献于庙前。点上香火后，男前女后跪拜，由一位有名望的男子打头祈祷。祈祷大意是：祈求龙王爷降雨，以抚育大山草绿，大地粮丰，保护生灵免遭涂炭，赏雨一成，我等万民感恩不尽，顺应天意维护家园，草茂粮丰为龙王长脸，恳求龙王爷布云降雨。祈祷完，全部求雨人要三叩首。而后，两名男子敲钟，以告天庭和村民百姓，然后由妇女们用葫芦或水桶从河沟装上水，在回家路上携水绕村内各街巷，游街一遍，谁家未参加求雨活动，就用柳条蘸水向他家门口洒水，用葫芦向大门上泼水。若遇有人到门口看望，就向他身上洒水，人群随走随散。

铁堡雄关巍然立，拱卫京畿千军行

在中华人民共和国成立初期，洪水口村的打头人经常是杨玉禄。他为人老实，在村民中威信高，大家都推举他，而且每求必应。传说有一次村民去东流水求雨，祈祷毕，杨玉禄插话："龙王爷，您看看，老树叶都蔫了，山上的草沾火就着，不管稀的、糊的，您给下点吧。"结果，求雨的人们还没进村，就下起了核桃大的冰雹。

（3）传说故事

① 二郎神担山传说

相传在一万年以前的一次大地动（地震）时，东、西灵山间骤然拱起一座山梁，拦截了拒马河，使太平堡一带形成了湖泊。挡住了去灵山上香的路，也截断了小商贩们往来交易的道路，于是，香客和小商贩们就在湖边埋锅造饭。人越聚越多，炊烟四起，形成烟云，遮盖了灵山仙气。灵山仙气被阻，自然殃及民间，这里的人们接连遇到灾难。因此，玉皇大帝派二郎神查看究竟。

二郎神领命后，腾云驾雾到西灵山一看，便找到了症结。于是，他挥动长枪在新拱起的山梁南端戳开一条缝，疏通了桑河水，解救了遇难百姓。二郎神还是不放心，心想，若再遇到山洪暴发，还会发生拦水淹村之灾。于是，他便在山缝另一边又劈开一条缝，用尽神力将两缝之间的山体推出。为避免推出的山体堵塞河道，二郎神决定将其移至别处。经过一番观察，他认为黄草梁上的十里坪为最佳场所，且不殃及村民。二郎神把推出的山体穿在枪杆上，挑起来就走。当他走到洪水口时，听到了雄鸡报晓，便匆忙放下枪尖上的山体，返回了天庭。这两块巨石，一块落在水泉河村中，另一块落在河东部的东台上。后来，二郎神担山为民解难、造福人间的故事广为流传。当地人还把两块巨石作为村里的宝物加以保护，东西灵山间的山梁就被叫成分水岭了。

② 三个和尚的故事

很早以前，百花山和灵山为姊妹山，两座山上的瑞云寺和化灵寺为兄弟寺，但化灵寺的香火却远比瑞云寺旺盛。瑞云寺住持对化灵寺香火旺盛很不理解，百花山万丈高，才到灵山的半截腰，瑞云寺居百花之中，邻近香客，为何香火冷落？化灵寺居灵山之顶，难以攀登，为何香火繁盛？为解开这不解之谜，他派出3位得力门徒以取经的名义前去查看实情，并特别强调必得凡人信言，在日落前务必到达化灵寺。

3位门徒经过双塘涧直奔洪水口，沿灵山古道前行。沿路不见一人，3人便埋怨住持。当走到大地沟的石塘铺时，已是日渐落山，3人已身心疲惫，正巧从山上下来一位背柴人。3位顿生精气，可盼到凡人了。背柴人走到石塘铺时，看到3位和尚与化灵寺的和尚装束不一样，便生疑。3位门徒上前问话："阿弥陀佛，施主，我们去化灵寺取经，日落前可否到达？"背柴人用手一指山顶上的太阳说："大师请看，太阳正在下山，日落前怎会到达化灵寺！"3个和尚顿时丧失信心，倒地气绝。和尚们岂知，他们与背柴人是在沟谷，自然看日落要早；化灵寺在灵山顶，灵山顶日落要比沟谷晚许多时辰。

后来，人们在石塘铺的大石堂内发现靠后墙贴着3块特别像光头和尚的石头。砍柴老翁经常给游人们介绍3个和尚的故事，人们猜想这就是瑞云寺3个和尚的化身。

（七）雄壮长城敌台，扼山口之险——沿河口村

沿河口村位于石羊沟和刘家峪沟会合处，旧属沿河城乡，现隶属斋

铁堡雄关巍然立，拱卫京畿千军行

堂镇，西南距镇政府东斋堂15千米，南距王龙口1.4千米，东距永定河1.2千米。沿河口海拔388米，无霜期为240天，土壤为山地淋溶褐土，土质瘠薄，植被以荆条灌丛为主，同时还栽有人工培植的杨树、椿树、桦树等，它们是这个村子里最接近人的生命本质的东西。它们在仅有的一片土地里

沿河口村全景

沿河口村民居

深深扎根，年复一年应时开谢，偶尔才为人所欣赏。如果你能够看到它们，下一刻扑面而来的，会是温暖阳光的怀抱和柔软微风的吹拂。

　　沿河口村村域面积13.2平方千米，其中耕地面积150亩，林地面积100亩。村落沿山麓阶地呈带状分布，全村现有人口215人，农户81户。经济以农为主，农作物以玉米为主，另有核桃、杏核、大枣、柿子等干鲜果品出产，养殖业有猪、羊、鸡、蜂等。村东有长约2千米的引水渠，引石羊沟水做饮用水。石羊沟有山溪流经沿河口村中，山泉自流灌溉，生活用水充足。沿（河城）黄（草梁）公路经村，村西南有乡村公路可达龙门口、刘家峪。

铁堡雄关巍然立，拱卫京畿千军行

1. 村落起源

沿河口在金时已成村落，因为是距沿河城最近的一个村子，"沿河口"的村名就随着沿河城名称的变化而变化了。元末明初，因为朝廷在沿河城派兵驻屯，故名"沿河口"，建成城垣之后，更名"沿河城"（在官方文书上，沿河口的名字一直没有变化，沿河城的称谓只是民间的叫法），随即才将"沿河口"之名赋予了近在咫尺的村了。该村主要姓氏为王、唐两姓，20世纪90年代合村并电，石羊沟关子村合并到沿河口，村里姓氏才有了一些变化。

2. 营造之美

沿河口的3座敌台：随着沿河城军事防线指挥中枢的建成，明隆庆五年（1571年）至明万历二年（1574年）在沿河城辖界之内所建的15座敌台中的3座，即沿字3号台、沿字4号台、沿字5号台均坐落在沿河口村域内。其中3号台在沿河口河东，4号台在沿河口河西，而沿字5号台在离沿河口1千米多的石羊沟二道城子。3座敌台皆砖石结构，方形，高15米，上下两层之间有砖梯相通，保存完好，为市级文物保护单位。

3. 民俗之美

在沿河口村流传着魏如兴保台护楼的传说。相传，"文革"期间，有人将沿河城的两座敌台拆了，拆下来的材料被用来盖房、垒猪圈、做桥墩。拆完沿河城的敌台，他们又奔向沿河口，沿河口人闻讯后，在村民魏如兴的带领下，青壮劳力拿起棍棒，登上了敌台，他们说谁敢上来拆楼（当地人称敌台为楼）就跟谁玩命，结果吓退了拆楼的人，保住了敌台。

1979年中国历史博物馆来人给敌台拍照时说，这是北京地区保存最好的古迹。魏如兴等人冒死保护敌台的义举，不仅保住了珍贵的文化遗产，还为沿河口今后的发展奠定了基础，成为日后旅游开发得天独厚的文化资源。

古村古韵

眺望对面的敌台

铁堡雄关巍然立，拱卫京畿千军行

沿河口敌台

如山又孫

古村古韵

第三章 檀烟萦绕人烟盛,十香礼佛客如织

古村古韵

一

古香道与古村落

　　古香道是用于满足民众宗教信仰需要，供民众参加庙会进香的交通线路，如妙峰山香道、芦潭古道。古今中外，无论是统治者的政治需要，还是人民群众的精神需求，宗教信仰都具有强大而神秘的力量。我国从上古时期的巫教到后来的道教、佛教等，皆渗透到了地理与人文的方方面面，"神""佛"寺庙及其庙会和进香道路也相继出现。如果《宛署杂记》所称门头沟区灵水村灵泉寺和百花山瑞云寺"起自汉时"属实的话，那么源自古印度的佛教于东汉明帝永平元年（58年）进入中国后不久即深入到了北京西山腹地。随后潭柘寺、戒台寺、灵岳寺、灵严寺、柏山寺、白瀑寺、大云寺、仰山栖隐寺的佛教寺庙，通仙观、栖云观（大台玉皇庙前身）、太清观的道教寺庙，以及妙峰山、百花山、九龙山、福龙山、九泉山、平顶山等地的娘娘庙的俗神寺庙陆续建立，其中有不少寺庙香火非常兴旺。为满足民众求神、敬神、娱神等庙市的进香需求，通往寺庙的进香道也应运而生。其中潭柘寺、戒台寺、九龙山、妙峰山、百花山娘娘庙会的进香道自成系统，相当有名且遗存也多。

　　通往潭柘寺和戒台寺的进香道有芦潭古道、庞潭古道、麻潭古道及戒台寺与西峰寺之间的进香道。芦潭古道自长辛店大灰厂接太行山东麓大道，石佛村段至今保存完好，车辙犹存，且有摩崖造像群、石牌坊等重要文物古迹。

　　妙峰山庙会香火甲天下，妙峰香道最多，也最有名。《燕京岁时记》载："庙在万山中，孤峰矗立，盘旋而上，势如绕螺。前可践后者之顶，

檀烟萦绕人烟盛，上香礼佛客如织

后可见前者之足。自始迄终，继昼以夜，人无停趾，香无断烟……夜间灯火之繁，灿如列宿。以各路之人计，共约有数十万。以金钱计之，亦约有数十万。香火之盛，实可甲于天下矣！"除京城以西、以北平原路段外，仅上山路就有以车耳营为起点的北道、以北安河为起点的中北道、以大觉寺为起点的中道、以香山为起点的中南道、以三家店为起点的南道和以下苇甸为起点的西道等数条香道，大部分都保存完好。[1]众多学者沿香道考察妙峰山庙会民俗文化，使妙峰山被誉为民俗文化田野调查发祥地。不仅如此，妙峰香道在抗日战争及解放战争中，也发挥了"红色交通线"的特殊作用。

百花山在瑞云寺、显光寺、胜泉寺、福田寺、关帝庙、龙王庙等寺庙群基础上，又将九天玄女（农历五月十八庙会）、王母娘娘（建有蟠桃宫）、碧霞元君（娘娘庙内塑像）等"娘娘"崇拜结合在一起，还形成了马栏、田寺、黄安、曹家房等多条进香道。其中经黄安坨上百花山的进香道遗存最多。

九龙山娘娘庙主奉九天玄女娘娘，可谓卓尔不群，且与门头沟煤业文化相融。其东平岭、中平岭、西平岭、岭后道等进香道中的中、后两路大部分都遗留了下来。

由于香客和游人往来频繁，故古香道上的村落多在村内邻近古香道处形成了独具特色的茶棚，即庙会期间为香客提供沿途饮食、休息的场所。古香道于大西山的沟壑之中孕育了一批与寺庙息息相关的古村落。

---

[1] 韩书瑞、周福岩、吴效群著：《北京妙峰山的进香之旅：宗教组织与圣地》，《民俗研究》，2003年第01期，第75—107页

二

古香道上的村落

（一）御道进香戒台寺，摩崖造像石佛村——石佛村

石佛村为北京市门头沟区永定镇辖村，明代成村，毗邻戒台寺，是一座因摩崖造像群的佛像而得名的小村庄。东北距镇政府驻地冯村5千米，北距区政府驻地大临村77千米。2007年落成的红砖新瓦的"秋坡、石佛联合支部"村委会，位于戒台寺牌楼南侧，同古老的石牌坊形成了鲜明的对照。石佛村东至黑石山，与石门营、王村接壤，南至后山，与丰台区接壤，西至戒台寺，与秋坡村接壤，北至三条鱼，与苟萝坨接壤。地域面积1.17平方千米，其中耕地234亩，林地147.7亩。现有人口212人，其中农户为76户179人，非农户24户33人。石佛村产业以农林业为主，客货运输业为辅。有养殖、花卉等招商企业。

村落至今还保留昔日人们进香的古道，这条由青石铺成的古道，见证了石佛村古老而沧桑的历史。据说，清代康熙和乾隆皇帝到戒台寺进香时，走的就是这条古道，当地人称之为御道。昔日，这条通往戒台寺和潭柘寺的古香道，不知有多少香客虔诚地走过。在村东古道旁的一处几十米高的崖壁上，高低错落地雕刻着大大小小18尊佛像，有观音菩萨、阿弥陀佛、释迦牟尼佛、药师佛、罗汉等。摩崖造像群的佛像雕刻精湛，造型各异。据说，此处是永庆庵旧址。

檀烟萦绕人烟盛，上香礼佛客如织

"山光悦鸟性，潭影空人心。万籁此都寂，但余钟磬音。"[1]摩崖造像、古香道、戒台寺、石牌坊，这些看似没有紧密关联的事物，在同一语境里组成一组一组的空镜头，就像一部拍摄手法很高明的电影，既可以是布景，也可以是主题，能够容纳许多人的情感，每个人都能从这里找到属于自己的东西，而就这些事物本身而言，它们是前代的匠人们，以其精妙的雕刻手法表现出的虔诚的信仰，直到今天，仍然能打动我们。

1. 村落起源

石佛村成村于明代，因摩崖之上镌刻有石佛造像群而得名。石佛村的宋姓老户，是村中的大户，人口最多，据说是明初自山西移民至此。其次是董姓，另外还有王姓、张姓、程姓、庞姓、牛姓等。牛姓原为大灰厂人氏，后来由于长期在石佛村旁烧灰而落户于石佛村。

石佛村的兴起离不开芦潭古道的发展。芦潭古道是京城通往潭柘寺的一条重要干道，最开始只是一条山间土路。清乾隆年间，为了拜谒皇陵之需，由朝廷出资拓宽展平道路，并将部分路段用条石铺砌，称为"京易御道"。芦潭古道作为京易御道的支线，也进行了整修。

清康熙二十五年（1686年），玄烨经芦潭古道前往潭柘寺时，曾与高士奇联句作诗一首："岭腹层层小径斜（玄），穿云陟尽石岭岈（高）。涧中草屋流泉绕（玄），万匹龙骧拥翠华（高）。"这首诗在一定程度上记述了当时的道路状况，因路面较窄，只能骑马而行。而乾隆七年（1742年），弘历从易县拜谒皇陵回来，初游潭柘寺时，亦写下"轻舆辗春露，前旌破晓香""驱车历石磴，岌岌互钩连"，由此可见当时芦潭古道路面状况较好，是皇帝到潭

---

[1] [唐]常建：《题破山寺后禅院》

柘寺进香礼佛所走的"御道",王公大臣和京城众多的香客也都经此而去。[1]

如今的芦潭古道大部分已被108国道等公路覆盖,戒台寺至石佛村段由于108国道在其北面的山边绕过而幸运地保存了下来,特别是从石佛村至戒台寺石牌坊一段,用块石铺砌的原始古道保存有约1千米,平缓入山,易于行走。2005年9月芦潭古道被列入门头沟区级文物保护单位。

2. 营造之美

（1）古建筑

提督府宅院在戒台寺石牌坊西行200多米路南侧（有一道高耸的挡土墙,据说早年,这里是一所提督的宅院）,墙高丈余,采用毛石砌筑,表面平整,至今完好如初。提督姓翟,有房数十间,亭台楼阁,雕龙画凤,甚是气派。不料,提督府宅院在民国初年被一场大火焚烧,化为乌有,但是提督府的称谓还一直沿袭着。

（2）古桥

在永庆庵（即庵儿庙）至戒台寺牌楼之间有两座拱桥。一座在摩崖造像群的南侧,即永庆庵旧址的前面。这座桥为拱券式结构,采用毛石砌筑,两侧桥腿还分别增设墙柱石。据传,当年这座桥上还建有汉白玉石亭。另一座桥在牌楼附近,但是由于历年来路面不断增高而被掩埋。

（3）古洞

小观音河自提督府向南登上山坡,行约500米便至戒台寺的塔院。塔院往西行至尽头,有一石窟,高5尺、深丈余,自然而成,名曰"小观音洞"。小观音洞坐东朝西,可俯瞰戒台寺全貌。洞内有一尊观音菩萨塑

---

[1] 孙克勤著:《解读京西古村落的文化遗产》,《北京规划建设》,2007年第01期,第166—169页。

像，有碑一通，仆卧于洞内。碑的阳、阴面分别镌有"恒信芳名""天台叶中造"等字样。

此外，在村北排洪沟北侧的山坡下，还有一个人工开凿的岩洞，深10余丈，高约5尺，下山倾角约60度。此洞冬暖夏凉，盛暑之际避于洞内，霎时便觉凉风习习。严冬日入洞，只觉暖气轻拂，一会儿便寒气全无。这个洞是石佛村村民早年挖煤时开凿的巷道，打了20多米便见水，又往下打了一段，水不断地增多。那时没有排水设施，完全靠人工背水，最后巷道里面的水背不完了，洞也就被废弃了。后来天旱的时候，村里的井水不够用，人们便到这个洞里去背水。洞里的水清凉爽口，久旱而不竭。

（4）石刻

戒台寺牌楼坐落于村西500米处，海拔315米。石牌坊建于明万历二十七年（1599年），重修于清光绪十八年（1892年），采用青石材质錾雕的仿木结构，所用青石为石厂青龙山所产。戒台寺石牌坊是北京现存的较为古老的石牌坊之一。镌刻精细，构图严谨，线条流畅，造型优美，展现了工匠娴熟的刀法和高深的艺术造诣。石牌坊虽然经历了几百年自然气候的侵袭，表面却无风化、无揭皮，细腻的錾痕至今清晰可见，雕像的姿态依旧栩栩如生，丝毫不减旧日风采。这充分体现了古代建筑工艺的精湛，同时也显示出了石厂青龙山的青石之所以被誉为"极品"的惊人魅力。

摩崖佛像群錾雕在石佛村西、路北的山崖上，坐东朝西。现存摩崖造像16龛18尊，崖下还有3尊，共21尊。摩崖造像的题材有释迦牟尼佛、阿弥陀佛、药师佛、文殊菩萨、普贤菩萨、地藏菩萨、大势至菩萨、观音菩萨、罗汉及供养人。佛龛有圆形龛、弧顶长方形龛、葫芦形龛3种，均没有龛楣装饰。佛座分仰莲座和长方形金刚座。在佛龛的旁边，还有多处题刻的文字，至今发现5处。这5处题分别为"京清塔寺比丘成玉造""南无阿弥陀佛""京西华楼东原游此""□靖八年十二月……之……""……张立……樊……"等字样。其中"□靖八年十二月……之……"据分析应为明嘉靖八年（1529年）所刻，是否为造像纪年题记，尚须考证。据《日下旧闻考》载，这里为永庆庵旧址，永庆庵就是人们俗称的"庵儿庙"。早年，永庆庵前面的沟上有桥，桥上还曾建有汉白玉石亭。龙王庙碑在村旁南侧山坡之上有摩崖石碑一通，"明代嘉靖四十二年掘井碑记"，碑文中有"井泉龙王通海之神位"等字样。在石佛村西北坡有一"重修香道"摩崖碑，宽82厘米，高89厘米。碑文记录了民国十年（1921年）修香道的一些情况，碑文中有"民国十年，大念慈悲，以工代，救万民生，功德无量"等字样。向前，在村西古香道北侧的一块大岩石上镌刻着"阿佛"二字，字高约3尺，字体浑厚、苍劲有力。清道光十九年（1839年），道口界重修石佛殿石头道口界碑，原立戒台寺石牌楼北，现无存。另有芦潭古道文物保护碑，现立于石牌楼东侧。

  石佛村的佛龛分为圆形、半圆形、拱顶长方形和葫芦形。在众多的佛像群里，还有一龛一佛二菩萨的造像。除了在崖壁下面有一尊约1.6米成人高的无头石佛立像，其余均为坐像。据村中老人说，2004年村民在摩崖石刻脚下挖出一座古石桥，同时出土了这尊无头石佛像。在此之前，佛头曾被本村的村民宋长福从地下挖掘出来，后经文物专家鉴定，这尊佛头是石佛雕像群下面站立的佛祖释迦牟尼佛像的头像，后上交给了门头沟区的文物部门保存。[1]

---

[1] 孙克勤著：《京西石佛村摩崖造像群》，《北京档案》，2006年第10期，第48—49页

檀烟萦绕人烟盛，上香礼佛客如织

石佛村摩崖造像群是北京地区最大的摩崖造像群。摩崖造像造型各异，技法精湛，细微传神，独具特色，为明代佛像中的杰作。石佛村摩崖造像群是研究明代北京佛教文化和雕刻艺术不可多得的宝贵资料，特别是对研究戒台寺和潭柘寺地区明代佛教发展具有十分重要的意义。摩崖造像不仅是珍贵的历史文物，同时也是北京地区重要的旅游资源和文化景观。

3. 民俗之美

（1）祭山神习俗

在各个灰窑的窑场里，都供有山神泥塑神像。每年农历三月十七是山神生日，这一天灰窑行都要举行祭祀活动。在灰窑前摆设香案，焚香燃烛，摆设三牲供品。上香时，大家要行三拜九叩大礼，场面相当严肃。每当进行祭祀时，乞丐们便也赶来唱喜歌，唱完喜歌后，乞丐还可以入席，与工人一起喝酒吃饭，最后还能得到喜钱。这是因为丐帮与灰窑主供的是同一位祖师爷——范丹，所以乞丐与灰窑工人视为同门。

祭祀活动一直延续到下午，人们兴高采烈，大块地吃肉、大碗地喝酒，推杯换盏，庆贺山神爷生日，保佑灰窑平安。在平常，每逢初一、十五、过年、过节，灰窑窑主都要给窑神爷烧香磕头，祈求窑神爷保佑。

（2）生产生活习俗

① 灰窑行中的禁忌

在灰窑，忌讳说"灭""塌""瞎"等词句，因为不吉利。"灭"是烧灰的火灭了，"塌"是窑塌了，"瞎"是灰烧坏了。旧时，不准妇女去采石场，也不准去灰窑场。灰窑行业工人吃饭和别的行业不同，即"干活要了，吃饭要饱"，不管什么活茬也要干到某一个阶段才能去吃饭。比如往农田里背粪，"背完一筐回去吃饭"；耪地是"耪完一根（垄）回去吃饭"……但灰窑工人却不同，到中午的时候，只要一听见叫吃饭，就什么都顾不得了，不管是干什么的，就跟士兵听见了冲锋号一样，人人奋勇，个个争先。他们立刻扔下手中的活，往吃饭的地方飞奔而去。如装窑的工人，从山场背上石头往窑上运送，即便最后离窑只差一步远，也立即扔下石头先去吃饭。整个窑场上呈现出一派动人心弦的场面。

　　传说这个习俗（饿鬼）是曾受过"皇封的"。当年康熙皇帝出游时，看见了此番情景，叹道："真是穷山饿鬼！"由于受过皇封，如今灰山（穷山）上的植被都没有煤山的植被茂盛。

　　② 庙产的使用

　　早先，石佛村隶属于戒台寺的地界，村庄建筑用地及耕种土地都属于戒台寺庙产。石佛村村民开垦坡地要得到庙里的许可，并要交租子。可以植树，但不可以伐树，长成材的树木归庙里所有。可以建房，但不可以拆房，房子盖好了就作为庙产，庙里可以随时占用，也有权拆房。每当达官贵人前来进香，无论多忙，村民也要放下手中的活，先去给庙里抬轿子。这个规矩一直延续到民国年间。

　　（3）传说故事

　　① 石佛村的来历

　　石佛村村名来源于村西的摩崖石佛，而村子的形成却与戒台寺有着千丝万缕的关系。戒台寺的前身名曰"慧聚寺"，最初是一座只有3间房的不出名的小庙，只有一个老和尚在那里修行。

　　到辽咸雍年间，著名的佛教律宗大师法均和尚来到了慧聚寺，对慧聚寺进行了大规模的整修和扩建，并在寺内建了一座供说法传戒用的"大戒坛"。咸雍六年（1070年）四月，戒坛建成，法均和尚"开坛演戒"，广度僧、俗人等500万之众。前来求戒的、听戒的、许愿的、还愿的、求医的人络绎不绝，戒台寺也因此名声大振，香火繁盛。

檀烟萦绕人烟盛，上香礼佛客如织

来寺里听"讲经"的和尚多了，听戒、求戒的僧人多了，来听戒的百姓也多了。有一些从远方来的穷苦人，一时凑不足回家的盘缠，便在寺院下面的山坳里，在香道旁搭个窝棚住了下来。上香的人们一路颠簸从全国各地赶来，有骑马的、驾车的、坐轿的，走到他们住的窝棚跟前，早已是人困马乏、饥渴劳累，便在他们的住所寻些水喝，给牲口喂一些草料，临走便给这些窝棚主人一些个赏钱。抬轿的累了，住在这儿的穷苦人便替他们抬轿，到戒台寺上过香后再返回到这里，这时轿夫们也歇足了，紧跟着便踏上返回的路，临走时香客同样也是给一些赏钱。这些穷苦人便一边听经，一边劳务于来往的香客，靠赏钱度日。村民们为香客抬轿从来不讨"工钱"，只收"赏钱"，这个习俗一直延续到民国年间。

后来，这个山坳聚集了十几个人，他们便向庙里求下了山坳里的地界儿，盖上了房子住了下来，娶妻生子，延续至今。由于村西有摩崖佛像，村子便以"石佛"为名，称为"石佛村"了。

② 灰窑业"祖师爷"的传说

范丹，春秋时人，是个乞丐。他每天上街乞讨，要得少就少吃，要得多便下一顿接着吃，吃完了再去要。热剩饭时，范丹用3块石头支锅热饭。时间长了，支锅的石头被烧透了。一次下暴雨，雨水浇到被烧透的石头上，只见石头吱吱作响，还冒起了热气。一会儿便成了细末儿。范丹感到十分惊讶，把粉末又加些水和好，抹在了炉灶上。待其干了以后，又结实，又漂亮。原来，支锅的3块石头全是石灰石，被火一烧成为生石灰（氧化钙），遇水变成氢氧化钙。

后来人们受范丹这个发现的启发，才开始认识了石灰石和石灰，继而才开创了烧灰行业。以至再后来，石灰成为一种重要的、几乎垄断了整个建筑业的建筑材料。为此，范丹被尊称为灰窑行的祖师爷，乞丐们也称范

丹为祖师爷。

（二）妙峰正道至金顶，香道总会涧沟村——涧沟村

涧沟村建于辽代，地处门头沟区东北部，东临海淀、北接昌平，东南距区政府驻地新桥大街24千米，南距妙峰山镇政府18千米，自古是兵家必争之地，也是著名的民俗文化圣地和旅游胜地。2012年，涧沟村荣获"北京最美乡村"的荣誉称号。

这里远离城市的喧嚣，风景优美，人文和谐，宛若世外桃源。直到今天，涧沟村依然保持着古风古貌：昔日王谢堂前的衔泥燕，今天都已飞到寻常巷陌里。它们停留在村子里那棵沧桑的老槐树上，筑巢、繁衍、衔食、反哺，叽叽喳喳地说着、叫着。老槐树几易其主，它们依旧慈祥地守望着街口，不知道在等待谁。青砖、灰瓦、茅草、炊烟装点着老宅古屋，它们看着过往行人，有时聊聊历代主人的趣事，有时说说老槐树，也会说起那条进香古道，落尽岁月尘埃的它在松柏的簇拥下直通山顶的金顶娘娘庙。

1. 村落起源

涧沟村建于辽代，因位于妙峰山下东沟、北沟、西沟3条沟的交会处，故村名为"三岔涧"，后于1943年改称涧沟村，沿用至今。相传，明代初年，赵、吴、史三姓人家从山西迁至此地定居，后来史姓消失了，现在村中的三大姓是王、赵、吴，此外还有管、靳、李等姓。

2. 营造之美

妙峰山风景名胜区位于涧沟村域内，山顶由巨石天然堆叠而成，在阳光的照耀下，宛如金色莲花，故康熙皇帝敕封妙峰山为"金顶"。久负盛名的

檀烟萦绕人烟盛，上香礼佛客如织

涧沟村牌楼

妙峰山娘娘庙灵感宫就坐落于金顶正中。娘娘庙始建于辽代，经过历代的修缮、扩建，逐渐形成了以灵感宫为中心，包括回香阁、玉皇顶等18座殿宇的建筑群。由于山上佛、道、俗俱全，加之民间传说碧霞元君神通广大，有求必应，因此香火极盛，成为明清以及民国时期华北地区的民众信仰中心。

山顶娘娘庙坐北朝南，有山门3间，供奉着四大天王；正殿3间，店内悬挂着慈禧太后书写的"慈光普照""功俾富媪""泰云垂阴"3块匾额，相传慈禧太后曾在此为其子同治皇帝祈福。正中供奉的是雍容华贵的天仙圣母碧霞元君塑像，两旁供奉的是被民间称为送子娘娘、催生娘娘、眼光娘娘和天花娘娘的4位元君。偏殿以及耳房内还供奉着观音菩萨、地藏菩萨、药王、财神、月老和喜神，集佛、道与民间的俗神于一院。[1]

傻哥哥殿与灵官殿紧邻，为一独立院落，与灵官殿同时修复。正殿3间供奉傻哥哥，东配殿3间供奉三仙姑。傻哥哥是妙峰山特有的一位俗神，只有此处以及邻近妙峰山的几座茶棚神庙中才有供奉。关于傻哥哥有两种说法，一种说法认为傻哥哥为古佛清气所化，施福于人间。又有一种说法认为傻哥哥是一位大孝子，因而受民间供奉。三仙姑即神怪小说《封神演义》中的截教门人云霄、琼霄、碧霄3位娘娘的合称，民间供奉其为茅厕之神，还有的传说称三霄娘娘专治悍妇。

玉皇庙原址在村口，现位于村委会办公楼东面的山包上，有正殿3间，供奉玉皇大帝。重修娘娘庙时将玉皇大帝像迁至娘娘庙院内的玉皇顶。

老爷庙在香道旁，为一座四合院，北殿5间，西房3间，南殿和东房各5间，现有大钟一口。

菩萨庙在村口牌楼旁，共3间，建在一块大石头上，供奉观世音菩萨。

---

[1] 李海荣著：《北京妙峰山香会组织变迁研究》，首都师范大学，2005年。

涧沟村俯瞰图

古村古韵

村中还有五道庙、后庵、龙王庙等民间神庙。

除众多庙宇外，茶棚也是涧沟村的重要组成部分。茶棚是旧时庙会期间，在香道中修建的为香客提供饮食、休息的场所，每隔三四千米设一处。茶棚由香会中的文会开设，设在香道上固定的地点，为香客提供固定项目的义务服务，舍茶是必备的服务项目，故而无论提供何种服务，均称为茶棚。茶棚的服务内容多种多样，主要为香客提供饮茶、喝粥、住宿、照明等服务，还有的舍馒头、舍缘豆，一切服务都是免费的。茶棚都设有娘娘神驾，被视为娘娘行宫，武会过此必须参驾献艺，展演自己的绝技，因而茶棚又是庙会民俗的集中表现之地。涧沟村境内的茶棚达9座之多，历经风吹雨打，眼下可见的只有磕头岭、妙儿洼、滑石片、抢风岭和萝卜地的茶棚遗址了。

磕头岭粥茶棚位于北道上，距金顶娘娘庙约5千米。茶棚建在山顶的平台上，平台东西长80米，南北宽50米，有房20余间。晴天时，站在磕头岭上，可以清楚地看到金顶娘娘庙，虔诚的香客从这里开始磕头，直到娘娘庙，故名磕头岭。这里先后由"献果老会""公议乐善社施慢首粥茶会"管理，其成员均为天津人。磕头岭植被繁茂，有山杨、辽东栎等杂木林，果树以红果树、柿子树、核桃树为主。这里还出产北京有名的六道木，其木坚硬、笔直，适合做拐杖等，很受游客欢迎。

此外在村内香道旁还有松枝茶和缝绽老会茶棚。缝绽老会茶棚在灵官附近，据说是由京城的一个皮匠在此开设，因当年修好了慈禧太后走坏的花盆鞋，他的老会也被封为皇会，名为"三岔涧万寿缘缝绽老会"。茶棚像念珠，被一条条古香道穿起来，把远远近近的香客接到涧沟、送至金顶。歇脚小憩于茶棚，凝眸远眺，那绵延的山色和缥缈的云霞，仿佛把人们带入了仙境。

3. 民俗之美

香会，既是旧时民间为朝顶进香而组织的团体，也是民间朝顶进香的盛大活动。称妙峰山为民间香会的摇篮，一点也不为过。历史上香会的命运和妙峰山的兴衰紧密相连，没有香会就没有妙峰山几百年不断的香火，没有妙峰山也就没有香会的发展。

妙峰山的香会有文会和武会之分，文会为香客服务，间接取悦于神；武会为神和香客表演，直接取悦于神。无论文会武会，都是义务的，分文不收，香会中的所有费用都是来自捐助。

文会冠名多与行业有关，有粥茶老会、献盐老会、拜席老会、巧炉老会、茶叶老会、盘香老会、缝绽老会、燃灯老会等，承担着搭盖茶棚、修筑道路、安设灯烛、缝绽修补、呈献祭品供具、施舍茶药等职责。

武会负责流动的谢神活动。谢神活动有两种类型，一种是抬神像出庙周游的迎神赛会，另一种是行香走会，以妙峰山最盛。行香走会就是以娱神名义在古道上进行歌舞表演。表演者身着戏装，跟着锣鼓的节奏边走边演，一直到山顶，再到碧霞元君神像前表演，并向元君呈献香烛、钱粮、吉祥表文，这种盛装前行的表演形式最能体现庙会狂欢的特色。[1]行香走会之时常伴有各类形式的表演，如舞狮子、开路、中幡、高跷、五虎棍等，这些表演各有象征。

由于妙峰山香会的发展，进一步促进了香客朝顶进香的活动。俗话说："妙峰山的娘娘，照远不照近。"老娘娘显灵的传说越传越远，越远也就越神。再加上妙峰山显赫的宗教地位，使得这里成为一个超越尘世的

---

[1] 苗大雷等：《村落变迁与妙峰山香会浮沉——京西古城村某心圣会研究与反思》，《民俗研究》，2011年第03期，第129—143页

宗教圣地，其神圣的力量更加诱人，年年都吸引着天南地北的几十万香客前来朝顶进香。

到妙峰山朝顶进香曾是北京乃至华北地区民众每年农历四月的头等大事。香客们在三月中旬就开始筹备，下旬便纷纷起程，从四面八方向妙峰山进发。其间，几条香道上每天都有数以万计的香客。香客上山时必须心怀虔诚，一心向神，不生他想，更不能有丝毫恶念，所以也叫"保香"。也有香客因故不能上山，找人代其烧香的现象，称为"代香"。

现今的妙峰山庙会虽不及往昔兴盛，但每年农历四月初一到四月十五的妙峰山传统民俗庙会，仍然是景区内游玩的重要内容。每年的庙会都会有上百场传统节目，还会有施粥、布茶、舍馒头等活动。妙峰山庙会逐渐成为展现中华民族传统民俗文化的活动场所。

妙峰山庙会

（三）北国水乡芦苇荡，古村赏月韵味足——上苇甸村

上苇甸村是北京市门头沟地区有名的"泉山之地"，是少见的北国水乡，一条蜿蜒的河流从两岸耸立的青山之间穿流而过，"余霞散成绮，澄江静如练"[1]，此地昔日以盛产芦苇而得名，现在还建有13座水塘，芦苇4月发芽，5月展叶，8月开花，质性自然，朴实无华。鲜为人知的是，上苇甸村的历史还和寺庙文化密切相关，它是妙峰山西面一条重要的古香道。上苇甸村依山傍水，残留的老宅、老井、石碾展示着古老的韵味。"月明清露冷，八极迥无尘"，上苇甸村还有一个美丽的名字叫"月亮村"。上苇甸村现管辖着炭厂、大沟、禅房3个自然村，有大云寺、滴水岩、禅房、岭角等风景和古迹值得游览。

1. 村落起源

关于"上苇甸"的文字记载，最早见于明万历年间沈榜所著的《宛署杂记》一书中，书中列有村名"上苇店"，"店"即今之"甸"。

《宛署杂记》中记述了一件发生在元代的有关上苇甸的趣事：早在元代，上苇甸村就有李姓人家居住，村民在现今叫炭厂村的地方烧木炭，需砍伐大量木材，但每次砍树均遭到寺庙的阻止。上苇甸的村民李仁莹将栖隐寺告到县衙，县衙初断上苇甸村民有理，可栖隐寺方丈恐村民继续砍伐山林，便拿出了金天会年间一位皇亲的书示，又拿出天会十五年（1137年）玉河县的批文，以此证明上苇甸地区归寺庙所属，这才有效地制止了村民砍树的行为。

---

[1] [南朝齐]谢朓：《晚登三山还望京邑》

古村古韵

上苇甸村俯瞰图

2. 营造之美

上苇甸村分前街、后街,在前街的马路边,一眼就能看到一棵茂盛参天的大国槐,树下就是当地人称为"庵儿庙"的娘娘庙。娘娘庙建于明崇祯年间,迄今已有300多年历史,清代曾重修。庙内有正殿3间,东西厢房及耳房,昔日正殿供奉泥塑彩绘娘娘坐像,抗日战争期间被日军烧毁,后来略有修复,房屋结构基本被保存下来。清末至民国年间,香客从西道去妙峰山进香，常在此歇脚喝茶。

（四）庞潭古道之节点，村内古桥血泪桑——苛萝坨村

苛萝坨村位于罗睺岭和龙头山之间，为扼庞潭古道之要冲。龙头山是青龙山青龙之首，高达两百余米，形似陀螺，地势挺拔，壮观雄厚。村内主街称作小街，远至清康乾时期，近及民国蒋公，都曾光顾此地。村西有一名为"广慧寺"之庙宇，因位于村庄西面，村民又称之为"西庙"。庙前有一座"娼妓桥"，历史可追溯至明代，由全国各地娼妓捐资所建。从桥开始向南，可沿着古道通往山林之中的戒台寺，路程大约7里。据《宛署杂记》记载，每逢四月，正当地"赶秋坡"之时，古桥上、古道上、寺庙里处处都人山人海，热闹非凡，幽雅的环境显得格外宜人。

苛萝坨村娼妓桥到戒台寺的古道至今已经延续千年，依然保留着完好的青石古道，两旁种满了苹果树、桃树和柿子树，一直蔓延于深山中，鸟语花香，蝶飞蜂舞，意境格外优美。

1.村落起源

苛萝坨村历史悠久，可追溯到明成化十五年（1479年），但原先并非此名。据《宛署杂记》记载，苛萝坨村在不同阶段有着不同的名字，如拴马庄、李家峪、车营儿等旧称。明成化时期，明宪宗为戒台寺下谕，规定寺庙四至范围时提到车营儿。在明代马鞍山石厂的石碑中发现的"可罗它"，三字上面均带"山"字，这也是关于苛萝坨村名的最早文字记载，至今已有500多年。据《北京门头沟村落文化志》记载，该村以李、皮、谢三大姓氏为主，其中，李姓和皮姓在历史发展过程中存在某种联系，因而

素有"皮李不分"之说。谢家先祖谢大田是苛萝坨村最早落户此村的，谢家按照家族辈分排行依次为大、王、国、连、袭、文、世、德、常、延、图、承、永、福（天）、生。

2. 营造之美

村头古桥"娼妓桥"，建于明代，原为南北古香道必经之路，现被镶嵌在民居群中。《宛署杂记》记载："戒坛是先年僧人奏建说法之处，自四月初八至十五止，天下游僧毕会，商贾辐辏，其旁有地，名秋坡，倾国妓女竞往逐焉，俗云赶秋坡。"说的是戒台寺每年的农历四月庙会期间不仅聚集了各地的游僧、商人，连妓女们也来赶庙会，并聚集在戒台寺附近的秋坡村。"冠盖相望，绮丽夺目，以至终行之处，一遇山坳水曲，必有茶棚酒肆，杂以妓乐，绿树红裙，人声笙歌，如装如应，从远望之，宛然如图画云。"[1]这种妓女大聚会的民俗活动，在历史记载中十分罕见。因为世人认为妓女不干净，不能从正门进入寺院，所以她们只能从后门进入寺院进香，来祈求菩萨保佑。她们从马鞍山与石龙山之间的山沟里，也就是现在的苛萝坨村徒步上山，经秋坡村进入戒台寺的后门，于是妓女们就集资为自己在山沟里建了这座三孔涉水石桥，既是对香客的"善举"，也有赎罪之意。其实，古时的妓女不单指青楼女子，也包括唱戏的、从业歌舞的，据说这捐资者中有怒沉百宝箱的杜十娘。石桥的一半在民国时被山洪冲垮，另一半至今依然矗立，残垣断壁，古韵犹存。

3. 民俗之美

（1）婚礼习俗

苛萝坨村的结婚习俗十分讲究，一般包括提亲、合八字、相亲、定亲

---

[1] 李金龙主编：《北京民俗文化考（上）》，北京邮电大学出版社，2017年，第345页

（下小定）、下通书（约定迎亲日期）、催妆、送嫁妆、迎亲、回门、瞧酒、双酒等。其中，下小定时，男女双方及亲属要改变称谓，称对方父母为"爸、妈"，双方父母之间互称"亲家"，兄弟姐妹称对方父母为"亲爹""亲娘"。

（2）岁时节令

当地有除夕守岁的习俗，除夕夜，家家户户都请出"祖宗牌位"祭祖，然后摆上供品，全家按长幼依次叩拜，再共进晚餐，晚上大家要通宵守夜。旧时，孩子们穿上新衣服，打着长辈新买来的灯笼，相约来到大街上玩耍，一边放着鞭炮，一边做着各种游戏，玩累了，就回到一个同伴的家里歇一会儿，烤烤火，再跑回大街上去。

成年人这天晚上也都凑在一起，打牌的打牌，闲聊的闲聊，喜欢听书的，便早早地来到喜欢讲古的老汉家里，占一个位置。直到子时左右，人们才陆续回到家里，在自家院子里放起鞭炮。这时，辞旧迎新的鞭炮声会响成一片，爆竹的火光把各个小院映得通明。瞬间，小山村便被笼罩在爆竹声声的云雾之中了。燃放过辞旧迎新的鞭炮后，尚未尽兴的人们便又聚到一起，继续他们喜欢的游戏和未聊完的话题。

五更时分，家中的主妇们便忙碌了起来，和面、拌馅，捏大年初一早上的饺子。旧时，大年初一是不准用刀的，饺子馅要在前一天晚上准备好。摆饺子也有规矩，饺子一般都是摆在高粱秸穿成的锅盖上（也称锅排儿），且必须面向同一个方向。饺子不能摆成对脸，对脸意味着"打架"，也不能摆成背靠背，背靠背则蕴有"夫妻不和"之意。饺子之间不能太近，太近便意味着日子会过得"紧紧巴巴"的，也不能距离过远，太远的话，生孩子也会"稀稀拉拉"的，不会有多子之福。另外还要在其中一个饺子里放入一枚硬币，吃到硬币的人，寓意着在新的一年会好运相伴。但吃出的这个硬币一定要扔到水缸里,这意味着,新一年里的"财"将和水一样"源远流长"。

(3)生产生活习俗

①保护龙头山

苟萝坨村坐落在龙头山下,龙头山山势陡峭,为保障村民居住安全,必须保护植被,以免滑坡或泥石流之类的险情发生。龙头山不准上人,如发现有人到龙头山,甭说是砍柴,就是折根草棍也不成,必须罚他请苟萝坨全村村民吃一顿大条面,以示谢罪。

②敲铜盆

当地人将日食、月食称为"天狗吃老姨(爷)儿""天狗吃月亮"。每当有日食或月食时,人们便赶紧找出铜脸盆子、铜盘子等所有能弄出响声的物件,冲着天上的黑影拼命地敲,弄出的声音越大越好,吓走天狗,以免"老姨(爷)儿""月亮"被天狗吃掉。

③捅破窗户纸

捅破窗户纸是当地在新居乔迁、新婚进门时特有的民间习俗。每当乔迁、新婚进门时,主人需用木筷子将老房子的窗户纸全部捅破,有神明护佑、敞开心扉、迎接新生活之寓意。

(4)传说故事

关于苟萝坨村村名的由来,还有一段故事。潭柘寺建成以后,人们要翻山越岭去进香。骑马的人就将马拴在龙头山下李家门前,然后爬山去潭柘寺进香。进香的人们称这儿为"拴马庄",这便是苟萝坨村最早的名字。李家峪是后来的名字,意为"山谷中的李家"。后来有了路经此村去潭柘寺进香的小路,进香的人也多了起来,他们都习惯在此休息一下。

村民们习惯称进香的人为"磕了头的"。村里有人取"磕了头"的谐音,"磕"为"可",取罗睺岭"罗"字换掉"了"字,并逐渐演变成"苛萝坨"。又因该村位于大土坨下,地多露岩,高低不平,道路坎坷,故名苛罗坨,亦称苛坨。另有一说,香客途经此地,常在此落脚歇饮,故生"客落"之音,又称"岢萝",流传下来。1980年更名为苛萝,2004年改为"苛萝坨"。[1]

---

[1] 北京市门头沟区地方志编纂委员会编:《北京市门头沟区志》,北京出版社,2006年。

九山叠翠

古村古韵

第四章 大河水滋润京师 千年文化传承

古村古韵

一

永定河与古村落

北京三面环山，自西向北向东，有太行山、军都山、燕山山脉矗立，南部连接广袤的华北平原。永定河自北京西北向东南蜿蜒而去，自古就是华北平原通往三晋大地和内蒙古高原的必经之路。[1]永定河流域内的山间盆地与河谷地带，将塞外与北京平原联系起来。人们穿越永定河河谷与山间盆地，形成了一条条连接内部村镇、沟通外界地域的交通网络。

永定河是北京的母亲河，其水系、渡口和上游流域的资源为北京的形成与发展提供了重要支撑，它的河谷是古代文化交流的重要载体与民族融合的历史见证，依靠在它身边的村落所蕴含的民俗文化亦对西山地区和北京城影响极为广泛。永定河沿岸地区代表性资源类型包括相伴而生的村落与寺庙文化和丰富独特的非遗文化。

按照历史演进脉络和空间分布特点，永定河沿岸地区可以划定爨底下—灵水、三家店、模式口、卢沟—宛平4个重要节点。其中三家店节点作为永定河的出山口，包含了古代京西古道起点上的诸多传统村落以及与煤炭、琉璃工业相关的文化遗产，该节点以三家店村和琉璃渠村为中心。[2]民众在永定河的干、支流流经之处往来迁徙，在流域内开辟了密如蛛网的道

---

[1] 许辉著：《永定河流域的交通文化》，载《北京历史文化研究——永定河历史文化论文集》，2007年，第15页

[2] 李楠著：《基于文化脉络梳理历史资源的思路与方法——以北京西部地区为例》，载《城市时代，协同规划——2013中国城市规划年会论文集》，2013年，第12页

路。永定河天然通道既作为军事用道，又作为商贸用道，来来往往的文化交流孕育了永定河河畔的古村落。

二

永定河沿岸的古村落

（一）大道起始三家店，古道交会繁华地——三家店村

三家店村位于门头沟区龙泉镇的永定河畔，分为东店、中店和西店3部分。三家店是明清京西重镇、京西古道主线的起点，不仅是古商道和古香道的起点，也是永定河的出山口。三家店作为西山地区入京的必经之路，自古以来便是咽喉要塞。

明万历年间，这里曾在河上架桥，以便于运煤之需，同时，因为村落属于京西古道上的一个重要节点，是京西山区入京之路上最早的平原地带，因此该村落便成了运煤集散地。三家店在明清时期曾是京西古道上最热闹的村落之一，当前的三家店依然保存有较为完整的明清建筑遗址和历史文化遗迹，具有较高的文化、艺术、历史价值。

这里的街市、文玩店、玉器店、笔墨铺子、小作坊比起大城市的灯红酒绿，可以说是古韵犹存，游人可以在此处停留几日。白天，你可以坐在老树下乘凉，放空自己，夜晚，你可以仰望天空，届时玉宇无尘。如果你碰上三家店的村民，心里定会莞尔一笑，因为他们身上的古风还未完全退散。任由

时间慢慢地流走,他们不企图和别人赛跑,是真正懂得幸福的人。

1. 村落起源

三家店村成村于明代,因最初有3家店铺而得名。村西旧有行宫一座,为清康熙皇帝驾幸热河首站。三家店村地处京西古道的永定河渡口,是连接京城和西山的门户,因地理位置的特殊性,有数条古道交会于三家店。明清以来,三家店是京西最主要的货物集散地,村内店铺林立[1],文物古迹众多。

2. 空间布局

三家店村坐落于山水环抱的京西平原腹地,南侧临水,其余三面环山,形成背山面水的优越格局。独特的地理位置使村落免受冬季西北风的侵袭,同时接收夏季柔和的东南风,形成局部宜居的气候。受周围山水影响,传统民居集中在村落南侧永定河沿岸,北侧山地民居稀少且多为新建。村落主体走势随永定河流向布置,村中主街与水系平行,一直延续到村口。建筑由南侧河岸逐步向北侧延伸。村落格局保存完整,街巷格局呈鱼骨形排列。村内重要建筑均位于街道主要节点,等级制度分明,村内无明显突兀的新建建筑打破村落格局。[2]村内主街即京西古道路径,两侧民居依旧保留当时沿街商铺特色,整体风貌统一。

三家店村由一条沿永定河分布的主街串联而成,街上分布着三家店现存主要古建筑与古树。传统民居均沿主街两侧紧密排列,高度、风格统一,公共古建筑的主导地位明显,街巷交通空间狭窄,视觉导向力明确。

---

[1] 王星宇著:《从山西会馆看明清山西与外界的交通联系——以京西古道沿线三家店山西会馆为例》,《经济师》,2013年第08期,第217—218页。

[2] 潘明率、郭佳著:《京西古道传统村落保护研究初探——以门头沟区三家店村为例》,《华中建筑》,2016年第05期,第137—141页。

三家店小学

主街上的民居进深大，不同于北京传统的民居四合院。村内人口的增多以及村落性质的改变造成村落公共空间缺乏，而散落在主街上的这些古树及传统民居入口门道，成了人们日常的交往、活动空间。

3. 营造之美

村落建筑保存完善，传统民居内部建筑格局基本保留。三家店民居是北方传统四合院建筑，保存着明清年间所建的民居院落，这些民居院落大体都以长辈住宅为中心，子孙宅院通过旁门、跨院和巷道与其相互连通，形成一套由多座四合院组成的联合四合院建筑群体。

由于三家店沿街建筑多为古商道时期的驿站建筑，故在传统四合院的基础上又有所创新。民居建筑墙体统一为灰砖砌筑，门窗均为木质，多配以精美绝伦的雕饰。屋顶材料为就地取材，运用附近山上的片状石材进

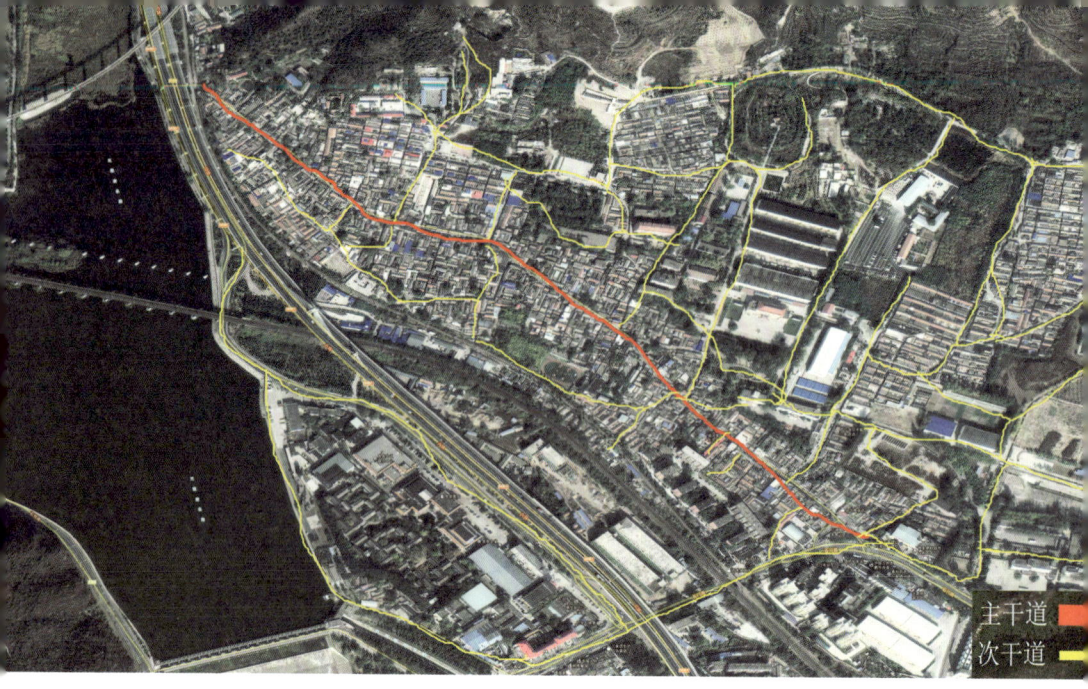

三家店村街巷肌理图

行铺设，最后竖向覆盖灰瓦进行加固。建筑布局符合北京三合院、四合院形制，沿街的骆驼店铺多配以宽敞的大门道，以便车马进入。建筑进深较大，房屋众多。其中殷家大院历史悠久，始建于清道光年间。位于门头沟区三家店中街73、75、77号。该民居有各式门楼和精美的砖雕花纹，院落中部独特的砖雕屏门式门楼，保持着传统建筑中的居住功能与文化内涵，为京西民居杰出代表。[1]

三家店村的发展极大程度上受到煤炭产业驱动下的商业文化的影响。京西山区与京城连接处的区位条件使得三家店村成为城市商品流入山区以及山区商品进入城市的重要中转站。明清时期的三家店村是京西煤炭集散地，承担着煤炭运输和销售中转功能，聚集大量煤行、煤厂、煤铺、煤栈以及散户运输等多种业态。除了天利煤厂这类煤行巨头，还有大量中小型

[1] 戴林琳、郑超群著：《传统村落地缘文化特征及其遗产活化——以京郊地区三家店村为例》，《中外建筑》，2016年第03期，第55—56页

煤炭企业。煤炭产业的蓬勃发展带动了相关配套产业的繁荣，例如饲料供应、为骡马钉掌、编制煤筐、煤篓、煤驮子、缝制煤口袋等。直到京张铁路京西支线的修建，三家店村作为煤运物流中心的地位才逐渐丧失，加上煤矿产业自身的衰落，原先的煤厂纷纷倒闭或者改建成服装厂、食品厂等。直至今日，三家店仅存有散点分布的低端生活用品零售商业。

尽管煤炭产业已经销声匿迹，但是当年的业态发展对三家店村的建筑构造、建筑风貌、建筑类型等产生了重要影响。该村建筑地基普遍高于其他传统村落，原因是煤炭储存需要较高的防潮标准，抬高地基以防止雨季雨水的渗入和倒灌。院落形状在南北方向上较一般院落更为狭长，以减小风沙的影响，避免煤炭扬尘。院落大门宽且没有门槛，目的是满足马车等煤炭运输工具的通行需要。由于该地区山西客商云集，为满足山西籍商人议事、接待及歇脚需要，还建有山西会馆等建筑。天利煤厂、山西会馆是三家店地区保存状况最好、规模最大的历史建筑。其中天利煤厂地处三家店中街，为殷姓家族于清道光年间前后创建，院落坐北朝南，外有高大的围墙，由东院、中院和西院三组院落组成，按照仓储、办公、居住等进行功能分区，建筑物均为硬山清水脊，砖雕构件细致华丽，地面均铺设方砖。山西会馆位于三家店东街路南，坐南朝北，为乾隆年间琉璃皇商所建，现存南房和东西两房，建筑正脊为黄琉璃避水兽式，顶用黄琉璃瓦覆盖。当年因煤炭和物流而发家的商人大多也在三家店村建有深宅大院，留存多个市级、区县级文保单位，如78号院、75号院、59号院等，这些建筑在北京传统山地民居的基础上吸纳了山西民居特色，进行门楼、戗檐、房脊等砖雕装饰。此外，由于货物运输的需要，还在村域范围内密集分布着古街巷、古渡口、铁路桥、公路桥等多处交通遗迹或设施。

此外三家店村的发展亦得益于水利需求驱动下的宗教文化。三家店村现存有多个宗教建筑，如关帝庙、二郎庙、龙王庙、白衣观音庵等，反映了当时村民及商家的水利需求。该村关帝庙全名关帝庙铁锚寺，最初供奉的是关公，之后为了方便永定河两岸商贸往来，京兆尹公署于1921年在村西渡口处造桥，为纪念原先的摆渡历史，将原摆渡所用的大铁锚奉入庙中，并重修庙宇，更改庙名。二郎庙位于村北坡下，建于明万历年间，供奉二郎神，相传是与水利、农耕、防止水灾有关的神，其目的是祈祷当地的水利平安，庙宇主体建筑为典型的四合院落，现有前殿、后殿及东西配殿，损坏较为严重。龙王庙建于崇祯年间，位于村西口，其内供奉四海龙王、永定河龙王等5位龙王，以祈求风调雨顺，缓解永定河水患。该庙宇的特殊之处在于同时设有海龙王、河龙王神像，工艺精美，保存完好，在北京传统村落中独一无二。白衣观音庵位于三家店中街，始建于唐代，供奉白衣观音菩萨，清代曾是义和团拳坛，是三家店村最早创建的寺庙。村内现有的庙宇都处于关闭状态，失去了当年的活力。事实上由于资金的缺乏，这些建筑的维护与修缮工作也举步维艰。

4. 民俗之美

三家店村民俗文化活动丰富多彩，包括京西太平鼓、高跷会、太极拳、小车会、传统灯会等。三家店村的万禄同善高跷地秧歌老会由郭连秀等人创建，至今已有120多年的历史，历经5代，传承至今，2013年被列为门头沟区级非物质文化遗产代表作名录。万禄同善高跷地秧歌老会具有浓厚的民俗特质，充分反映出百姓对生活的热爱。

京西太平鼓发端于北京，明清时期风靡京城内外，至今已有几百年历史，已成为老百姓文化生活、非物质文化遗产传承和民间传统民俗文化的重要组成部分，于2006年入选第一批国家级非物质文化遗产名录。

太平鼓传入北京门头沟的历史可追溯到清代，传说大峪村附近有一处坟地，它的主人在京城任九门提督，大峪村里有人在他府上干活，学会了

大河永定润京师，千年文化孕古村

三家店龙王庙匾额

关帝庙铁锚寺

打太平鼓，将技艺带回村里，以后又传播至三家店等其他村庄，为京西太平鼓。

民国年间，玩鼓的多数是妇女，她们很少走街串巷，只在自家的庭院和街巷里结伴玩耍。每年农历腊月初一至来年二月初二，她们便三五成群地聚在一起"斗公鸡""扑蝴蝶""走月牙"，以祈求太平安乐。

"日伪"时期，人们处在铁蹄之下，太平鼓更是销声匿迹。1949年中华人民共和国成立，为庆祝解放，太平鼓艺人走出庭院，走出街巷，来到公路上，加入了游行的队伍，太平鼓从此才变得壮观起来。

太平鼓具有一套特有的民间肢体语言，如因过去妇女缠足形成的韵律特征"扭劲""颤劲"，男性舞者特有的"劲"，以及男追女逐的情趣，在耍鼓、步伐、队形变化方面也均体现出了中国传统审美理念，这些都具有鲜明的地方色彩。作为这一舞蹈品种的标志性舞具——太平鼓，从制作工艺到与舞蹈动作的有机结合，已经超脱了作为乐器音响载体的单纯功能，而成为这一地区地域文化象征的器物。

多年来，门头沟区一直重视京西太平鼓的传承与弘扬，组织老艺人开班传艺、培养传承人才。"铁环振响鼓蓬蓬，跳舞成群岁渐终。见说太平都有象，衢歌声与壤歌同。"[1]京西太平鼓也成为门头沟区最优秀的民间艺术之一。

虽然京西太平鼓经历了各种现代艺术形式的冲击，但由于深受民众喜爱，至今依然留存在门头沟地区。目前，在门城镇、妙峰山、琉璃渠、大峪、城子、圈门里、三家店、军庄、东辛房等地，还能寻访到太平鼓的踪影。京西太平鼓演出团队曾参加过1990年北京亚运会、2008年北京奥运会、国庆60周年等大型活动，还出访过美国、澳大利亚、丹麦、斯里兰卡、韩国等国家。

---

[1] 包世轩著：《京西太平鼓》，北京美术摄影出版社，2016年，第80页

京西太平鼓

（二）皇家官窑传千年，京西琉璃遍京畿——琉璃渠村

  琉璃渠村位于北京市门头沟区龙泉镇，西靠九龙山，东临永定河，依山傍水，与三家店隔河相望，村东有石担路和京门铁路，村南有丰沙铁路和大秦铁路。我时常想起夏日傍晚的琉璃渠村，夜幕笼罩开满荷花的河滩，晚风将荷叶上的白水珠吹入池中，水波骤然泛开，一天的暑气也随之散尽。垂钓的人带着一篓小鱼、小虾回家去了，古道边的苍松古木坚定地把天地撑起，在无边的旷野里直指天空，默默守护着那一点人间烟火。

  "沙河塘里灯初上，水调谁家唱？夜阑风静欲归时，惟有一江明月碧琉璃。"[1]当地盛产烧制琉璃的最佳原料——坩子土，琉璃渠村也享有"琉

---

[1]〔宋〕苏轼：《虞美人·有美堂赠述古》

璃之乡""中国皇家琉璃之乡"的美誉。2007年，琉璃渠村入选第三批中国历史文化名村。元中统四年（1263年）在此设琉璃局烧造琉璃，至今已有700多年的历史。

每当我们走进故宫，看到蓝天、黄瓦、红墙，高纯度的三原色就会唤起我们对色彩的强烈感觉。"白日丽飞甍，参差皆可见"[1]，曾被西方人误认为是黄金的黄色琉璃瓦，流光陆离、晶莹艳丽，在人与自然之间编织起了一道天梯，把人间最喜庆的颜色送到天上去，将人类最美好的感情融入自然中，达到天人合一的境界，而帮助建筑师完好地达到这一境界的，正是出自琉璃渠的琉璃瓦。

琉璃渠是历史上通往北京西部山区和张家口、内蒙古等地的交通要道，又是妙峰山古巷道、新南道的必经之地，还是古西山大道沿线和永定河畔的名村之一，具有较高的历史、文化、艺术价值。

1. 村落起源

琉璃渠村的形成和古西山大道密切相关。古西山大道，出模式口（旧称磨石口），在三家店跨永定河，后经琉璃渠，向西延伸，是北京通往怀来盆地，远上山陕地区和内蒙古高原的一条重要交通线。北京西部深山之中遍藏"乌金"（煤炭），根据《日下旧闻考》记载，门头沟附近村民"皆市石炭为生"，拉煤运货的骡马成群结队，通过古西山大道将山中的煤炭送往京城，同时山里居民需要的食盐、布匹以及各种日用百货，也通过商道运进山里。因而这条古道上，商贾云集，驼马络绎。加之琉璃渠村位于西山大道的进出山口，邻近永定河，水源充足，航运便利，自然成为西山大道上重要的交通节点，上述地理位置的优势促成了琉璃渠村的形成。

---

[1] [南朝齐]谢朓:《晚登三山还望京邑》

琉璃渠村

2. 空间布局

琉璃渠村整体格局清晰，平面呈扇形分布于永定河左岸的冲积平原上。同大多数传统村落一样，古村整体空间格局并非依照严谨的棋盘状网格，而是依赖自下而上的"自组织"方式，进而形成以西山古道、后街及妙峰山新南道为骨架，以南北向辅路为分支的网状布局。村落各街巷中既有规模宏大的邓氏宅院、琉璃厂商宅院等院落群，也有小巧精致的李氏宅院和三官阁过街楼。[1]

村落遗存的历史街巷主要有两条，分别为南侧的前街和北侧的后街。该村的道路系统以这两条东西走向的街道为主，以穿插其间的南北向次级巷道为辅。其中，前街自过街楼至关帝庙全长约700米，且与湾子胡同、南

---

[1] 薛林平、李博君、包涵著：《北京门头沟区琉璃渠传统村落研究》，《华中建筑》，2014年第09期，第144—150页。

主干道
次干道

琉璃渠村街巷肌理图

巷胡同、北巷胡同等次级街巷相交。后街自铁路涵洞至振兴厂东南角全长380米，且与北厂路、北砖瓦窑胡同、北巷胡同等次级街巷相交，构成村落局部"鱼骨状"的道路骨架，亦成为道路交叉口的节点型标志性街道。从形态上讲，前街、后街均为曲线型空间，是村民交往、交通、商业活动的主要聚集地，构成了琉璃渠村街巷布局中两条主要的道路轴线。

琉璃渠的村落布局又不同于传统的纯粹的农业村落和商业村落，它是围绕着琉璃烧造业而逐渐形成的。它的村落功能分区、街巷布局，以及村内重要的地标性、功能性建筑无不体现了这一点。琉璃渠村的旧时格局主要沿3条南北向大道两侧展开，大致可以分为手工业区、居住区、商业区三大功能区。

琉璃渠村手工业区由村内琉璃烧造厂和琉璃制品原材料产地所组成。琉璃渠村北、西、南三面环山，东临永定河。烧制琉璃所需的坩子土都采集自邻近山地的山麓地带，故元、明、清时期，琉璃厂在选址时依据原材料产地就近原则，将烧造琉璃的窑址设在坩子土资源丰富的山麓地带。清朝时期，琉璃烧造窑已遍布村落北、西、南三面山地与平地交会的山麓地带，形成"半个圈都是窑"的产业功能区，如月牙一般包围着村落，主要的窑区是安排在村落下风向的东南和西南的山麓地带。

琉璃渠村街巷以两条东西走向的街道（前街、后街）为主，以穿插其中的南北向街巷为辅，沿着主要街道分出了多条次要街道和通往各家各户的巷道，用当地一句民谚来概括，即"大街后街南北厂，东西弯子南北巷"。大街和后街是琉璃渠村的主街道，大街也称前街，即通往黄土高原和塞上草原的西山大道，全长1千米。琉璃渠村后街全长0.5千米，后街的两侧至妙峰山进香正道之间为村中最主要的居住区，亦是琉璃渠村的主体。北厂和南厂附近也是居民较为集中居住的地区。琉璃渠村后街一带的居民以李姓为主，李姓又分为外迁至此的李姓和原住于此的李姓，以今村民委员会为分界线，分为南北两片。北片是从山东迁来的李姓家族的住所，以烧砖瓦为主；南片为原住民李姓人士的住所，主要以务农为主。窑厂周边的居民以山西移民过来的工匠为主，其中以赵氏家族的厂商宅院为代表。

琉璃渠村旧时的商业区集中分布在前街（西山大道）两侧，形成这一分布格局的原因主要有3个：第一，琉璃渠村是西山大道的进山口，来往于京城与山陕地区之间的商旅必经此地。村落同时也是进入太行山深山区的起点，是西山大道第一村。因而与西山大道重合的琉璃渠村前街自古以来都是商贾繁华之地。第二，村落前街是山里与城市交换农产品和生活日用品的通道，过了琉璃渠，往东走就出山，往西走就进山。第三，前街更是从琉璃窑向京城运输琉璃原材料和琉璃瓦件的重要通道，琉璃窑厂商宅院就位于这条街上。这条街上分布着大成店、永隆店、泰和店、天和永、利

琉璃渠村民居

成功、天盛油店、世值店、宋鞍铺、邓掌班、义元泰、广庆永、田铁铺、增和厂、永盛肉铺等商铺。

3. 营造之美

琉璃渠村的沿街建筑界面既有明清时期的传统建筑，也有现代建筑。现代建筑多为一层，常采用灰砖灰瓦构成低调的青灰色调，肌理丰富多样，与传统建筑及道路两侧的古树共同形成较为平缓的天际线。街道界面连续统一，空间感清晰、纯粹。沿街虚的门、窗和实的墙面相互交替，视觉上产生错落有致的韵律感。[1]

---

[1] 欧阳文、周轲婧著：《北京琉璃渠村公共空间浅析》，《华中建筑》，2011年第08期，第151—158页

琉璃渠村虽三面临山，但其建筑大部分位于平地，总体建筑布局高低差变化小，多为平房合院，只有北部和南部有少量宅院依山而建，沿山势由低向高错落分布。村里的街道主要有横向前街与后街这两条主干道，居址高度自东向西沿缓坡起升，而东侧入口处的过街楼、西侧的关帝庙和北侧的万缘同善茶棚在整体布局中构成一个三角形，起到限定边界和划分空间领域的作用。

　　过街楼位于琉璃渠村的东南部，朝东横跨在西山古道上，是村落东侧的边界点。旧时人们从东边过来看见过街楼，就表示即将进入山区。过街楼修建于清乾隆二十一年（1756年），光绪年间重修。过街楼也叫"三官司阁""灯阁"，因殿堂内供奉文昌和三官，被称为"三官阁"；每逢正月，城台上要张灯结彩，故又称"灯阁"。过街楼下部为城台状，由砖石砌成，东匾"带河"，西匾"砺山"，皆由琉璃烧制。

　　檐下悬琉璃匾额，西为"三官阁"，东为"文星高照"。城台上有一间殿堂为硬山顶，屋面施明黄琉璃，顶上矗立黄绿相间的宝象，身驮宝瓶，神态安详平静，称"太平有象"，寓意天下太平。正脊由黄绿琉璃构件组成，两端有卷龙吻。过街楼上的琉璃饰件皆为本地烧制，其建筑材料及烧制工艺为北京地区琉璃烧造业历史悠久的实物见证，具有较高的历史、艺术和研究价值。

　　关帝庙，又称老爷庙，位于村落西南角，前街的西端，是进入太行深山区的起点，是村落空间结构的另一个重要支点。关帝被民间奉为武财神，来往商旅多拜关帝以祈祷财源茂盛。此外，关帝庙也具有商会会馆的功能，关帝庙的配殿即为会议室，一是商旅商讨事务，为商人做买卖祈福；二是为九龙山庙会的一个聚集点。过去琉璃渠水茶老会、桌子会都在此集会。

万缘同善茶棚

　　万缘同善茶棚位于琉璃渠村北部，是琉璃渠村北部的重要支点，也是琉璃渠村妙峰山进香正道的标志性建筑。此茶棚为前往妙峰山进香的香客免费提供饮食，在显示财力的同时也为琉璃渠村带来人气，拉动了村落经济的发展。

　　4. 民俗之美

　　琉璃，又称"流离"，是中国古代建筑以及现代中式建筑的重要装饰构件，用于宫殿、庙宇、陵寝等重要建筑。2008年6月，琉璃烧制技艺入选国务院批准文化部确定的第二批国家级非物质文化遗产名录。

　　琉璃烧制技艺是北京市门头沟区重要的传统手工艺代表项目之一，主要分布在龙泉镇琉璃渠村。琉璃渠村的琉璃烧制历史悠久，据《元史·百官志》记载："大都凡四窑场，秩从六品。提领、大使、副使各一员，领匠夫三百余户，营造素白琉璃瓦……琉璃局，大使、副使各一员，中统四年置。"

元代建都北京，由于兴建宫殿、园林、陵墓、佛塔、庵观、坛庙等需要大量的琉璃制品，为此设立了专管窑务的官员，隶属少府监。由于琉璃渠村周围盛产烧制琉璃所需的主要原料坩子土和煤炭，且交通便利，元代初年即在琉璃渠村设立了琉璃窑场，属于琉璃厂窑的分厂。

到了明代，明永乐皇帝迁都北京，营造京城宫殿所需的大量琉璃砖瓦、构件，主要是琉璃厂和琉璃渠两个窑场烧制的。

到了清乾隆时期，由于城市的发展，琉璃厂已成为繁华市区，琉璃厂窑撤销，迁到琉璃渠村与当地窑场合并。从此，琉璃渠窑场兴盛起来，长期承造皇家琉璃制品。自乾隆年间，开始大规模修建皇家园林，所需琉璃均产自琉璃渠窑场，并一直同皇家建筑总设计师"样式雷"合作。[1]

（三）京西古道第一村，今朝古道新演绎——水峪嘴村

水峪嘴是门头沟妙峰山脚下的一座小山村。历史上，这里是往来京畿的交通要道，护卫京城的军道、晋商行走的商道、妙峰山的香道，在水峪嘴村全都留有遗迹。水峪嘴有"京西古道第一村"之称，这里有数百年踏踩出的深深蹄窝、有古道第一隘口牛角岭关城。一条山梁将村子隔成两部分，两边各有一条小溪，两条小溪交汇于山嘴处，故名水过嘴。沿永定河一路向西，水峪嘴村的一排排灰色小洋房矗立在河畔，从山顶向下俯瞰，

---

[1] 熊忻恺著：《历史文化村落空间形态演变研究——以北京市门头沟区琉璃渠村为例》，载《转型与重构——2011中国城市规划年会论文集》，2011年，第20页

古村古韵

京西古道景区大门

整个水峪嘴村就好似一条在永定河里逆流而上的鱼。

当河流上的薄雾逐渐隐退,晚归的钓叟收起了鱼篓,孩子蹦蹦跳跳的脚步由远及近,此时可以听见整个村庄的声息。"若夫日出而林霏开,云归而岩穴暝,晦明变化者,山间之朝暮也。野芳发而幽香,佳木秀而繁阴,风霜高洁,水落而石出者,山间之四时也。朝而往,暮而归,四时之景不同,而乐亦无穷也。"这里与欧阳修《醉翁亭记》所说的滁州相差无几,同是"环滁皆山、林壑尤美、蔚然深秀",春天山花烂漫,百叶萌发,小草绽绿,漫山遍野的桃花、杏花、梨花把山野装点得五颜六色;大山的气息,山野的风情,在这里表现得淋漓尽致。水峪嘴村辖区内留有很多关于古道的珍贵历史文化遗产,彰显着京西古道独特的底蕴。依托这条

古道茶棚雕塑

古道，村里先后建起了古道风景区和古道驿站，修复了牛角岭关城和逸夫亭、铁匠铺、古道茶棚、黄酒铺等景观。

1. 村落起源

水峪嘴村的兴起与靠近京西古道的牛角岭关城有关。牛角岭关城位于门头沟王平镇韭园村东的山岭上，属西山大道上的重要关口。关城建在两山坡对峙处，扼守古道要冲。牛角岭关城作为京西军事要塞，自古以来马帮驼队络绎不绝，军事通行、商旅往来、民众进香，皆由此过。古道上的人来人往也带动了水峪嘴村的发展。

2. 营造之美

牛角岭关城坐落于京西古道韭园村上，属于京西古道历史最为久远的

古村古韵

古道蹄窝

大河永定润京师，千年文化孚古村

古道景区玻璃桥

西山大道的重要关隘，守卫着古道的交通要塞。关城以砖石为主体结构，门高7米，横宽4米，进深9米，体量宏伟。2005年，牛角岭关城入选门头沟区第五批区级文物保护单位，至今留有两方石碑，对于研究京西古道的历史具有重要意义。

3. 民俗之美

水峪嘴村以当地的文化资源为依托，开发了多种京西古道旅游品牌。村集体建立了书画院，吸引了众多艺术爱好者前来创作；聘请清华工美老师设计，建成了军事主题酒吧，拓宽了旅游收入渠道；成立了门头沟区第一家村级民俗博物馆，使游人对京西传统文化有了进一步的了解；举办了三月三桃花节、门头沟"山会"系列活动之"代马依风走京西"、民俗文化大集等一系列活动，吸引了《这里是北京》《京郊大地》《四海漫游》《城市》《身边》等电视节目对水峪嘴村进行了多次专题报道，进一步提高了水峪嘴村的知名度。[1]同时，依托水峪嘴村盖柿基地，在北京农学院的技术支持下，水峪嘴村建立了北京柿利康食品有限公司，带动了当地柿子的反季节销售，还开创了国内以柿子制冰淇淋的先河。

（四）依山傍水景秀美，古树森天老船坞——河南台村

河南台村地处北京市门头沟区雁翅镇东部、永定河南岸，距离109国道55千米，距雁翅镇政府11千米，是北京市民俗文化旅游村。河南台村海拔285米，地域面积10066亩，其中有耕地170亩，林地300亩，水域面积15亩。

---

[1] 赵方忠著：《水峪嘴沉浮》，《投资北京》，2012年第06期，第66—68页

现有人口138户386人，其中农户123户334人，居民15户52人，当前村内支柱产业为林果业、农家乐旅游观光。主要物产有高土果、枣，还有特产矿泉水。村内饮用水源充足，取之于永定河岸的深水井。农业用水宽裕，靠村级扬水站灌溉。据白瀑寺石碑中的记载，河南台村建于明代，主要姓氏为王姓，与雁翅王姓同宗。青山脚下的河南台村，南靠西麋角山，永定河水绕村成"几"字形流过，是半岛形的村落。

永定河静波如练，两岸绿树成荫，不乏芦苇、小洲，西麋角山泰然坐落，穿云而过，势镇四方，可谓"开门见山"。此外，当地夏季气候湿润凉爽，凉风习习吹过，间有花草清香，雨后初晴，鸟雀无拘无束，临水自照，游鱼小心翼翼，在水中嬉戏。

1. 营造之美

村内有著名的景点"仙台山水园"，园中水秀，山奇，怪石嶙峋，曾是多部影片的外景选地。众多游客慕名来村休闲度假，在此欣赏秀美的自然景观，体味浓厚的乡间风情。

2. 民俗之美

（1）结婚礼仪

旧时，在河南台村，有钱人娶亲用红花轿（带吹鼓手），没钱人可用黑轿（不带吹鼓手）。新婚娘子出嫁时要哭嫁，到婆家后，需经过迈火盆（红红火火）、过小鞍（平平安安）才能进喜房。新郎官则踏着高粱拉弓（步步登高）退至喜房，揭盖头。之后，夫妻二人在摆着花生、大枣的炕上换衣服（早生贵子），然后开始拜天地，认大小[1]。

---

[1] 认大小指新婚时，夫妻二人按照家中长辈的辈分大小来熟悉家里长辈

（2）嗑节令

民以食为天，在河南台村不同节令要吃不同的食品，当地人称此为嗑节令。如大年三十晚上吃团圆饭（大米饭），大年初一吃饺子，正月十五吃元宵，二月二吃面条，五月初五吃粽子，立秋吃肥肉，八月十五吃月饼，腊月初八喝腊八粥，腊月二十三吃糖糕。

（3）祭祀习俗

在河南台村，流传着"祀过大年（春节）挂族谱，供奉三日祭先辈。清明节坟拜墓、添新土（闰年不动土）、烧纸钱、挂纸钱、祭祖先"的俗语。每年农历七月十五（鬼节）烧纸、祭河神。农历十月一烧寒衣，以此来祭奠死去的亲人，表达对亲人的思念之情。

求雨。久旱不雨时，老人、小孩都到龙王庙上供，年轻力壮的小伙子们到龙潭取水（取深山里的泉水），行至大街上，各家用水泼之（寓意下雨），然后小伙子们将取来的水送到龙王庙供起。

（4）传说故事

① 端午节插艾蒿

相传，黄巢带军攻打中原地区时，正好赶上端午。当地的官兵放出风声，动员大家逃难。农历五月初四，一农妇为躲避黄巢的追赶，背上背一个年龄稍大点的孩子，拉一个年龄稍小点的孩子逃命，小的因跟不上脚步，越落越远，急得哇哇直哭，妇女不管。黄巢赶到，问其为何偏心，村妇说："大的是邻家的遗腹子，被杀，就绝户了，小的是我亲生，死了我还可以再生。"黄巢念其好心，答应次日路过其家时，见门上插艾，免除一死，村妇回村奔走相告。端午节这天，黄巢来到该村，见家家都插着艾蒿，都是好心人，便打消了"杀人八百万"的念头。

② 渡河工具的变迁

河南台与北大道隔了一条河，老一辈人要过河得蹚水，妇女脚小得靠人背过去，到了雨季河水猛涨，就得划筐箩，前面用绳拉，后面有人推，很不方便。

为了安全，村里集资，买了钢丝绳，横在前河，用杨柳木打了只船开始摆渡，到了雨季改成挂斗。后来，依靠集体的力量村里修了钢丝软桥。再后来，钢丝软桥又改成木桥，汽车试着过桥，结果桥毁车翻。改革开放后，政府拨专款修了钢筋混凝土的大桥，这回河南台人可以坐着车过河了。

（5）民俗旅游

村内现有农家乐12家，分别为现代原始部落、三义庄采摘园、祥顺家园、岳阳农家乐、吉星旅游、旭日农家乐、世纪宏业、东霞农家乐、姑嫂农家乐、杜春燕采摘园、小红农家、仙台山水园。

牛角岭关城,明清时期为捕衙南乡与王平口巡检司分界处,是西山大道路出京的第一道关隘。

古村古韵

第五章 大西川古村落开发、保护的现状与展望

古村古韵

一

大西山古村落开发、保护的现状

目前大西山古村落旅游开发已随着西山文化带的建设进入到一个蓬勃发展的时期，多个古村落已先后进行了旅游开发，由此引发的经济效益也吸引了越来越多的古村落投身于开发行列中。但也面临着外部竞争压力大、内部发展均衡差、整体发展水平低等多方面的挑战。古村落旅游开发中存在的主要问题有以下8个方面：

第一，大西山古村落因地处有着丰富旅游资源的首都北京，面临着来自北京其他旅游地的强大竞争压力；第二，而大西山古村落内部旅游发展水平也参差不齐，整体旅游发展水平有待提高；第三，各村落旅游发展各自为政，盲目开发，形成不利于整体旅游业发展的区域内部恶性竞争；第四，旅游产品结构单一，产品体系有待完善；第五，乡村传统工艺产业传承较弱；第六，文化特色表现力不强，本土特色弱化；第七，商业开发过度，文化遗产与景观风貌受损；第八，景区旅游开发多方利益协调失衡，多头管理制约古村落旅游开发与遗产保护。

二

大西山古村落开发、保护的展望

(一) 立足于原生态和可持续发展，科学规划，保护性开发

旅游者前往古村落旅游的最基本动机就是体验古朴的乡村生活，包括对其特有的古建筑文化、人居环境、民俗风情等的向往，也就是对古村落原真性、完整性的追求。因此古村落在开发过程中，必须合理协调规划、开发与保护之间的关系。实现古村落的自然景观、生态景观和人文景观的有机协调和统一，应该完整保护古村落的特色建筑，加强对古建筑的保护和定期修缮，坚持"修旧如旧"的原则，尊重历史真实性，对民居、戏台、宗庙等各类建筑进行小规模整修，对损毁严重的民居可以在保持原貌的基础上适当修复，以满足当下人们对居住生活与旅游活动的需求。[1]

(二) 规范旅游市场，保护文化原真性

从政府的角度而言，应当在保护当地文化完整性和文化原真性的前提下，对古村落的旅游进行引导和调控，制定相应法规规范旅游市场；从旅

---

[1] 张建忠、刘家明、柴达著：《基于文化生态旅游视角的古村落旅游开发——以后沟古村为例》，《经济地理》，2015年第09期，第189—194页

游景区管理机构的角度而言,应该以当地文化特色为主题,形成具有地方特色的产业链,满足游客多样化需求;从旅游经营者的角度而言,在景区经营店铺或者农家乐,既要保证自身利益,也要与景区整体环境相一致、相和谐。从不同的角度对旅游市场进行规范,在保证文化延续的前提下,加快旅游业的发展。

(三)深度挖掘以建筑文化为特色的"物态化"的文化,强化古村落旅游的吸引物

对建筑文化进行深度开发时,一方面,要借助影视、图片、资料等工具,积极做好宣传工作,增加景区知名度;另一方面,对于极具经济价值的砖雕和木雕,开发过程中应采取先进的技术手段对其进行保护。与此同时,不断挖掘其美学、科学和历史文化价值,在确保与古村落整体环境相一致的前提下,合理建设各种娱乐设施和体验项目。对于需要进行特殊保护的建筑,则仅供参观,不可进行商业开发,绝对确保建筑的原真性。这不仅使游客深刻认识和了解建筑文化,而且也保护了古建筑本身。[1]

深度挖掘古村落"文化内核"的非物质文化遗产,构建以民俗文化为特色的古村落旅游。古村落在不断发展过程中,保存了千百年来农耕文化的传统,继承了北方民族自给自足的传统文明。应充分利用这些独特的民俗文化,大力推进古村落体验性旅游的发展。在其传统文化的展现方式上,积极利用其特有的资源开发具有当地民俗风情的产品,增加体验性产

---

[1] 王新广著:《后沟古村保护与开发的经验》,《中国旅游报》,2013年8月12日。

品和活动，比如剪纸、采摘、社火、酿造工艺等，让游客参与其中，亲身感受当地浓郁的民俗文化。

此外，大西山古村落可以京西古道为景观及文化轴线，以古村落为点，形成点轴式区域协同发展带，整合各村落的遗产资源，以"古道古村"的品牌进入旅游市场，实现旅游一体化发展；开发特色旅游产品，拓展旅游产品类型，构建旅游产品体系；保留村落传统工艺产业，发掘地方本土产业文化；立足于村落文化特点，找准文化定位，增强村落文化开发力度，加强村落文化宣传力度；建立真实性与商业性相协调的旅游发展模式，实施文化、生态、旅游开发三位一体的综合发展规划，遵循保护重于开发的原则；完善政府为主导的公共治理机制，倡导居民参与的旅游开发模式；将京西古道资源进行梳理、整合成线，把古道周边的古村落、古遗址、古寺庙、古建筑、古驿站串联起来，同古道周边的现有公路、停车场、公交等形成完整的系统，实现古道资源的整合和价值提升。

大西山古村落开发与保护的研究，是对京西文化遗产传承所做出的具体行动，是对西山文化带建设的有效支撑。尽管笔者在研究过程中，尽可能保证所得资料的真实、客观，但文章难免出现漏洞或瑕疵，因此，本书权当是抛砖引玉，供各位学者交流。在今后的研究中，笔者将会继续深入探索大西山古村落开发与保护的发展，希望能够对村落开发、保护、研究和西山文化遗产研究提供一定参考。

【参考资料】

[1] [清]徐珂编撰：《清稗类钞》（第一册），中华书局，1984年。

[2] [明]蒋一葵著：《长安客话》，北京古籍出版社，1982年。

[3] 政协北京市门头沟区文史资料研究委员会编：《京西古道》，香港银河出版社，2002年。

[4] 李海荣著：《北京妙峰山香会组织变迁研究》，首都师范大学，2005年。

[5] 《古今大台》编委会编：《古今大台》，中国博雅出版社，2009年。

[6] 北京市门头沟区地方志编纂委员会编：《北京市门头沟区志》，北京出版社，2006年。

[7] 谭喆著：《门头沟地区乡土景观研究初探》，北京林业大学，2014年。

[8] 吴建民著：《京西传统村落空间重构研究》，北京建筑大学，2016年。

[9] 苗大雷著：《村落变迁与妙峰山香会浮沉——京西古城村秉心圣会研究与反思》，《民俗研究》，2011年第03期。

[10] 张建忠、刘家明、柴达著：《基于文化生态旅游视角的古村落旅游开发——以后沟古村为例》，《经济地理》，2015年第09期。

[11] 王星宇著：《从山西会馆看明清山西与外界的交通联系——以京西古道沿线三家店山西会馆为例》，《经济师》，2013年第08期。

[12] 潘明率、郭佳著：《京西古道传统村落保护研究初探——以门头沟区三家店村为例》，《华中建筑》，2016年第05期。

[13] 戴林琳、郑超群著：《传统村落地缘文化特征及其遗产活化——以京郊地区三家店村为例》，《中外建筑》，2016年第03期。

[14] 薛林平、李博君、包涵著：《北京门头沟区琉璃渠传统村落研究》，《华中建筑》，2014年第09期。

[15] 欧阳文、周轲婧著：《北京琉璃渠村公共空间浅析》，《华中建筑》，2011年第08期。

[16] 赵方忠著：《水峪嘴沉浮》，《投资北京》，2012年第06期。

[17] 郭华瞻、伍方、刘文静著：《北京门头沟黄岭西传统村落研究》，《华中建筑》，2016年第05期。

[18] 薛林平、李雪婷、杜云鹤著：《北京门头沟区碣石古村落研究》，《小城镇建设》，2014年第01期。

[19] 韩同春著：《京西村落里的花会——庄户、千军台古幡会》，《民俗研究》，2005年第03期。

[20] 高毓婷著：《爨底下乡土建筑的文化解读》，中央民族大学，2010年。

[21] 薛林平、吕灏冉、李加丽著：《北京门头沟区千军台传统村落研究》，《华中建筑》，2015年第06期。

【后　记】

北京西山崇山峻岭间保留着许多千年古道，滋养了数座历史悠久的村落，这里有宁静幽深的小巷、错落有致的古宅小院、静谧清幽的小桥流水，还有众多名人古迹、红色印迹、历史遗存、美丽传说。这些村落犹如一颗颗光彩夺目的珍珠，星星点点般镶嵌在京西这片明山秀水间。

我喜欢周末探访京西古村，或曲径探幽，寻访村中的古民居、古树、古石、古坊碑；或与村中老者相谈甚欢，了解村中的传说故事；或徜徉在长长的石级路上，欣赏等级严格的门楼、雕刻精美的影壁、比比皆是的壁画楹联；抑或只是静坐在村头历经沧桑的古树下，享受着悠闲宁静的时光……

2017年得知北京联合大学应用文理学院与北京出版集团合作出版"西山文脉"丛书，我主动要求承担《古村古韵》一书的编撰工作，想把我对西山村落的钟爱记录成文字、定格于照片。感谢北京出版集团的大力支持和热情帮助，感谢北京联合大学应用文理学院院长张宝秀、副院长张景秋，产学合作与服务地方办公室主任范晓薇、张艳春和各位领导同人的支持、鼓励和督促，才有此书的付梓。

本书的撰写得到北京联合大学余煌、陈建周、罗红玉、袁博等同学的支持和帮助。值得一提的是，余煌在协助撰写本书的过程中，将实地调研和深入访谈的成果经过理论化、系统化思考，撰写了《"文化+旅游"视角下西山永定河文化带乡村振兴策略研究——以门头沟古村落为例》一文，获得2019年度北京市"致用杯"大学生创新创业科技竞赛（创新组）三等奖。其本科毕业论文《基于文化线路的区域遗产活化利用策略研究——以京西古道门头沟段为例》获得2019年度北京市优秀毕业论文。他在考取北京联合大学地理学研究生后，继续致力于乡村地理学的科学研究。花开并蒂，可谓撰写本书的意外之喜。

书中不妥之处在所难免，希望得到读者的批评指正。本书在写作过程中，参阅了大量的文献资料，除书后开列的参考书目外，还有其他的文献资料未能一一标明出处，特致歉意和谢忱。

杜姗姗

2019年9月